新潮文庫

哲学入門

ヤスパース
草薙正夫訳

新潮社版

723

目次

第一講　哲学とは何ぞや……七
第二講　哲学の根源……三
第三講　包括者……六
第四講　神の思想……三五
第五講　無制約的な要求……六六
第六講　人間……九三
第七講　世界……一一
第八講　信仰と啓蒙……三七
第九講　人類の歴史……一四

第十講 哲学する人間の独立性……一六四
第十一講 哲学的な生活態度……一七九
第十二講 哲学の歴史……一九六
付録 はじめて哲学を学ぶ人びとのために……二一四
訳注・年譜・解説……草薙正夫 二二三

哲学入門

第一講 哲学とは何ぞや

哲学に関しては見解が一致しない

哲学とは何ぞやとか、哲学にはどんな価値があるかなどという問題についてはいろいろの見解があって、一致していないのであります。哲学に対して、私たちを非常に啓発してくれるものだという期待をかける人があるかと思うと、哲学を無内容な思惟《しい》だとして無視する人もあります。また哲学は平凡な人間にはとても及ばないようなひどく骨の折れるものだと思って、これを敬遠したり、あるいは哲学は夢想家がやる無用な穿鑿《せんさく》事として軽蔑《けいべつ》したりする人があります。哲学は万人にかかわりをもつものであり、したがって元来平易で、わかりやすいものであらねばならないと考える人があるかと思うと、反対に哲学をひどくむずかしいものだと考えて、哲学の研究を諦《あきら》めてかかる人があります。哲学という同じ名称を名のって出るものが、実際にはこのように対立した評価を示す数々の例証を生み出しているのであります。

哲学が科学の信仰者にとってもっとも嫌悪《けんお》される点は、哲学は普遍妥当的な成果を全然もたないということ、すなわち私たちが知り、それによって所有することができるようなあるものを全然もたないということであります。科学が自己の領域において、いなみがたく確実で、一般的に承認されるいろいろな知識を獲得しているのに反して、哲学は数千年の間の努力にもかかわらず、かってこのような知識に到達したことがないのです。哲学には決定的に認識されたものの一致性というものがけっして存在しないという事実は否定できません。しかしいなむことのできない根拠からして万人に承認されるものは、そのことによって科学的知識となったのでありますが、もはやそれは哲学ではないので、認識可能なもののある特殊な領域に関係するものであります。

また哲学的思惟には、科学のように、進歩発達の過程という性格がないのであります。確かに、私たちはギリシア時代の医者であったヒッポクラテースよりもはるかに進歩しています。しかし私たちはプラトーンよりも進歩しているとはいえないのです。私たちは、プラトーンに利用できた科学的認識の材料に関してだけなら、彼よりも進歩しているといえる。しかし「哲学すること」それ自身に関していえば、おそらく私たちはもう一度彼の水準に到達することはほとんどできないのではないでしょうか。

科学と異なって、哲学の形態をとるかぎり、どんなものにも万人の一致した承認というものが欠けているという事実は、哲学という事柄の本性のうちに存しなければならないことであります。哲学において獲得される確実性は、科学的な性質のもの、換言しますと、どの悟性にとっても同様な性質の確実性ではなくて、それが成功した場合に人間の全本質が参加してともに語りあうことができるといったような確認（Vergewisserung）なのであります。科学的認識は何らかの個々の対象にかかわりをもち、そしてこれらの個々の対象について知ることはけっして万人にとって必要であるわけではないのでありますが、哲学においては、人間としての人間にかかわる存在全体や、一度開明されたならば、どの科学的認識よりもいっそう深く人の心をとらえるところの真理が重要な問題となるのであります。

なるほど完全な哲学は科学と結合しており、またそれぞれの時代において到達された最高の状態にある科学を前提とするものではありますが、しかし哲学の意味はそれと異なったある別の根源をもっております。哲学はあらゆる科学に先立って、人間が目ざめる場合に現われるのであります。

科学のない哲学

この科学と関連のない哲学がもっている特徴的な現象について二、三述べてみましょう。

第一に、哲学的な事柄については、ほとんどすべての人が何らかの判断をすることができると思っています。人は科学においては、学習や練習や方法が理解の条件であることを認めるのに、哲学に関しては、即座にそれに参加して、ともに談ずることができるのだということを主張します。この場合自分自身が人間であるということや、自分自身の運命や自分自身の経験が哲学に参加する前提条件として十分に通用するのであります。

哲学は万人が手にすることができねばならないものだという要求は、承認されねばならないのであります。哲学の専門家がたどりゆく迂余曲折《うよきよくせつ》した哲学の道は、それが人間の存在へ通ずるかぎりにおいてのみ意義があるのであって、この場合人間の存在はこのような哲学において、存在と自己自身がいかに確認されるかということによって規定されているのであります。

第二に、哲学的思惟は、どんな場合でも、根源的であらねばなりません。人は誰でも哲学的思惟を自分自身で遂行せねばならないのです。

人間は人間であるかぎり、根源的に哲学するものであるという事実を示す驚くべき証拠は、子供によって発せられる問いであります。私たちが意義のうえからいって直接に「哲学すること」の根底に触れる事柄を、子供の口から聞くことはけっして珍しいことではないのであります。つぎにそのいくつかの例を挙げてみましょう。

ある子供が不思議そうに言います、『僕はいつも、僕は他の人と同じ者であるんじゃないだろうかと考えてみるんだが、しかしやはりついに僕は僕なんだ』と。この少年はあらゆる確実性の根源、すなわち自己意識における存在意識、に触れているのであります。彼は他のものからはけっして理解されることのないものであるところの、この自己存在の謎《なぞ》にぶっつかって驚くのです。彼はこの限界の前で問いにぶっつかるのであります。

またある子供が、はじめに神天と地を創《つく》りたまえり、という創世記の物語を聞いた。そうすると彼はすぐに『はじめの前にはいったい何があったのか』と問うたのであります。つまりこの少年は、問いには際限がないということ、知性を停止さすことはできないということ、完結した答えというものはけっして可能でないということを経験したのであります。

ある子供がたまたま森の中の草地を散歩しながら、そこで夜な夜な踊り戯《たわむ》れる妖精《ようせい》の物語を聴いたとき、つぎのように言ったのであります。『でも妖精なんて本当はいないのよ』と。そこで今度は人は、この子供に現実の事柄について話してやります。太陽の運行を観察しながら、太陽が運動するのかそれとも地球が運動するのかという問いに答えたり、地球が球形であって、自転することを証明するいろいろな理由を挙げてやります。ところがその少女は『あら、それは全然嘘《うそ》よ』と言って、土地を足で踏み鳴らし、『地球は確かに動かないわ、私は自分の目に見えることだけしか信じないのよ』。そこで『じゃあなたは愛する神様がいらっしゃることを信じないんだね。だって神様だって目に見えないじゃないか』と言ってやります。するとこの少女ははっとしたようであるが、そのつぎにはじつにきっぱりと『もし神様がいらっしゃらないとしたら、私たちだってきっと生きていないわ』と申しました。この子供は、現存在はそれ自らによって存在するのではないという、現存在の不可思議さによってとらえられたのです。そこでこの子供は、世界内のある事物が問題なのか、それとも存在と私たちの現存在との全体が問題なのかという問いの相違を理解したのであります。

またある少女が人を訪問するために階段を昇っていきます。そうするとこの少女の眼前であらゆる周囲の情景がたえず変化して、流れ去り、過ぎ去っていって、あたかもこれらいっさいのものは存在しなかったかのように思われる。『けれども何かある確かなことが存在しうるはずです……私が現在ここで叔母《おば》さんのもとへ行くために、階段を昇りつつあるのだという事実だけは、どうしても手離したくない』。万物が必滅無常であるということに対する驚きと恐れは、ある一つの心もとない逃《のが》れ路《みち》を求めるのでありましょう。

もしこのような事例を蒐集《しゅうしゅう》しようと思えば、おそらく一冊の厖大《ぼうだい》な児童哲学の記録を作ることができるでしょう。それら子供たちはこれらのことを、以前に両親や他の人びとから聞いていたのだという抗議は、これらの真剣な考えにとっては全然通用しないことは明瞭《めいりょう》であります。またこれらの子供はそれ以上に続けて哲学することはできないのだ、したがってこのような言葉は単に偶然でしかありえないのだなどという抗議は、子供の中には、しばしば成長するにつれて失われていくような天才的性質をそなえているものがあるという事実を看過しているのです。それはちょうど、私たちが年を取るに従って因襲や臆見《おっけん》や隠蔽《いんぺい》や無疑問性などの虜《とりこ》になってしまって、子供がもっているような、何ものにもとらわれない心を失っているようなものであります。子供はまだ自由に成長しつつある生命の状態のうちにあって、感じたり、見たり、問うたりしているのです。ただそれらの感ぜられたり、見られたり、問われたりした事柄が、間もなく消えていくまでのことなのであります。瞬間的に子供の心に顕現したことは忘却されていく。そして後年になってから、彼らが語ったり、問うたりしたことを記録しておいた大人から聞かされて、びっくりするのであります。

第三——根源的な「哲学すること」は子供だけでなく、精神病者においても同様に現われています。まれにではあるが、ときとして一般的な偽装の束縛が解かれて、深刻な真理が語るかのように思われることがあります。多くの精神病の初期にあっては、人を感動さすような種類の形而上学的《けいじじょうがく》な啓示が生れるものであります。もっともこのような啓示においては、詩人のヘルダーリーンや画家のヴァン・ゴッホの場合を除けば、たいがいはその形式や言葉は、その告知が客観的な意義をもつ資格のあるものではないのですが、このような啓示に接した人は、日常私たちの生活を覆《おお》い隠しているような、一種の覆いがこの場合打破られるという印象を、払いのけることができないのです。多くの健康な人でも、眠りから目がさめたとき、気味の悪いほど意味深いものを経験することを知っているのですが、それらは完全に目がさめているときは、ふたたび失われてしまって、ただもはや我々はそれに徹底できないということを感ぜさせられるだけなのです。子供とばかは真実を語る、という諺《ことわざ》には深い意味があるのであります。ただ、創造的な根源性は――偉大な哲学的思想はこの創造的な根源性に負っているのですが――そのようなところにあるのではなくして、少数の偉大な精神として何ものにもとらわれることなく、独自の立場をとって数千年の間に出現したところの少数の人びとに存しているのであります。

第四――哲学は人間にとって避けることのできないものであるから、それは常に公開されているものであって、言い伝えられてきた諺の中にもあれば、人口に膾炙《かいしゃ》した哲学的な文句の中にもあるし、教育の進んだ現代人の言葉や政治的信条に関する言葉のような、世間一般の主張の中にもあるものですが、特にそれは歴史が始まって以来、神話の中に現われております。まことに哲学は避けられないものであります。ただ問題となることは、それが意識されているかいないか、それが優《すぐ》れたものであるか、つまらないものであるか、わけのわからないものであるか、はっきりしたものであるかなどというだけのことであります。哲学を拒否する者は、彼自らが一種の哲学を遂行しているのであって、ただ自分でそれを意識しないだけのことなのであります。

哲学の本質はいかに言い表わされるか　さてかくも一般的に、またかくも独特な形態をもって現われる哲学とはいかなるものでありましょうか。

哲学者（philosophos）というギリシア語は、学者（sophos）と対立する言葉であって、知識をもつことによって知者と呼ばれる人と異なり、知識（知）を愛する人を意味する言葉であります。この言葉の意味は現在まで維持されてきております。すなわちそれは独断主義の形態、換言しますと、いろいろな命題として言い表わされた究極決定的な、完全な、そして教訓的な知の形態、をとることにおいて、しばしばこの言葉の意義を裏切っているのでありますが、哲学の本質は真理を所有することではなくて、真理を探究することなのであります。哲学とは途上にあることを意味します。哲学の問いはその答えよりもいっそう重要であり、またあらゆる答えは新しい問いとなるのであります。

しかしこの途上にあること（Auf=dem=Wege=sein）――時間のうちに存する人間の運命――はそれ自身のうちに深い満足の可能性を隠しているのであります。特に高潮した完成の刹那《せつな》においてそうなのです。このような可能性はけっして言葉で表わすことのできる知識や命題や認識のうちに存するのではなく、人間存在の歴史的な実現過程のうちに存するのであって、存在そのものはこの人間存在にとって現われ出るのであります。人間がそのつどおかれている状況のうちにこの現実をとらえることが「哲学すること」の意味なのであります。

探究しながら途上にあること、あるいは瞬間の安心と完成を発見すること、これらの言葉はけっして哲学の定義ではないのであります。哲学には縦の組織とか横の組織とかいうものはないのです。哲学はある他のものからは導き出されない。哲学はいずれも自己を実現することによって自らを定義する。哲学とは何であるかということは、私たちによって実験されなければならないことなのです。かくて哲学は生きた思想の実現であり、またこの思想への反省であります。あるいは哲学は、行為であり、この行為について語ることであります。自己自身の実験からして、はじめて私たちは、世界の中において私たちが哲学として出会うところのものを感得することができるのであります。

しかし私たちはさらにもっと多くの哲学の意味の型を示すことができます。しかしどんな型でも、哲学の意味を完全に尽しているものでもなければ、また唯一《ゆいいつ》のものとして表わされるものでもありません。古代から伝えられているところによると、哲学とは（その対象に従っていえば）神的な事物や人間的な事物についての認識であり、存在者としての存在者の認識である。さらに（その目的に従っていえば）死の学びであり、思惟《しい》によって浄福を得ようと努力すること、神的なものに似ることである。最後に哲学は（その包括的な意義に従っていえば）あらゆる知の知、あらゆる技術の技術、個々の領域に立つことのない学問一般であります。

今日私たちは哲学に関しておそらくつぎのような型において言い表わすことができるでしょう。

現実を根源においてみること。

私が思惟しながら私自身と交わるという仕方によって、すなわち内的行為において現実をとらえること。

包括者 (das Umgreifende)（一）の広い世界に対して自分の心を開くこと。

あらゆる真理の意義を通じて愛の闘争において人間と人間との交わり (Kommunikation)（二）を敢行すること。

もっとも疎遠《そえん》なものや反抗者に対しても、忍耐強く常に理性を目ざめさしておくこと。

哲学は人間が現実と関係をもつことによって、人間自身となるために必要な「集中すること」(das Konzentrierende) であります。

永遠の哲学　哲学は単純で生きた思想の形態においては、あらゆる人間を、否《いな》、子供さえをも、感動させるものであるにもかかわらず、哲学を意識的に完成することは一つの課題であって、しかもそれはけっして完結することなく、たえず繰返され、一個の現在的な全体として遂行されるところの課題なのであります。この課題の意識は、それがどんな形態をとろうとも、人間が人間であるかぎりは、目ざめておるでありましょう。

哲学が徹底的に攻撃せられたり、余計な有害なものとして全然否定されたりするのは、なにも今日に始まったことではありません。哲学は何のために存在するのか。哲学は困窮の場合には役に立たないものであります。

教会に権威をおくところの考え方からすると、純粋独自的な哲学は非難されます。なぜならそれは、哲学は神から離れ去って、人を現世的なものへ誘惑したり、虚妄《きょもう》なことでもって人間の魂を腐敗堕落さすかもしれないからです。また政治的＝全体的な考え方はつぎのように非難します。哲学者は世界を単にいろいろと解釈したにすぎない、ところが重要なことは世界を変革することなのである、と。この両種類の考え方は哲学を危険視するものであります。すなわち哲学は秩序を破壊したり、独立性の精神を呼び起したりする、したがってまた暴動や反抗の精神を、そして人間をだまして、彼の本当の使命から逸脱させるものである、というのであります。啓示的な神によって照らし出された彼岸の魅力、あるいはあらゆるものを自己自身のために要求するところの神なき此岸《しがん》の権力、この両者は哲学を抹殺《まっさつ》しようとするものであります。

なおこの他に、哲学を拒否するものに、健康な常識の日常性から由来するところの効用性という単純な規準があります。最古のギリシアの哲学者といわれているタレースは、あるとき天体を観測しながら井戸の中へ落ちたことがあった。ところがこれを見た女中が、あなたはいちばん近くのことにもこんなに無器用なくせに、なぜいちばん遠いものを捜しているんですかといって、タレースを笑ったことがあります。それは不可能なことであります。

そこで哲学は弁護されねばならないわけでありますが、それは哲学はある他のものから弁護されるわけにいかない。と申しますのは、哲学はある他のものにこのような弁護をしてもらうほど、何の役にも立っていないからです。哲学は、あらゆる人間のうちにあって、実際に「哲学すること」に迫りゆく力に頼《たよ》ることができるだけであります。哲学が知りうることは、哲学はこの世におけるあらゆる利害得失の問題から解放された、目的をもたないところの、人間そのものにかかわる事柄を営むものであるということ、そしてそれは人間が生きるかぎり実現されるであろうということであります。哲学を敵視する勢力といえどもなお、彼ら自身に固有な意義を考え、そして目的と結びついた思惟の構成物を生み出さざるをえないのであります。これらの思惟の構成物は、マルキシズムやファッシズムのように——哲学の一つの代償物ではあるが、しかし意図された効果の制約のもとにおかれるものであります。それればかりでなく、これらの思惟の構成物は、人間にとって哲学が避けることのできぬものであることを証拠だてているのです。哲学は常に現存しているものであります。

哲学は争うことも、証明されることもできない。しかし伝達することはできるのです。哲学は非難されても何らの抵抗を示さない。哲学は耳をかされることがあっても、勝ち誇らない。哲学は人間性の根底において、あらゆるものをあらゆるものと結合することができるところの、心の一致性のうちに生きているのであります。

偉大な様式や体系的な関連をもつ哲学は、二千五百年以来、西洋や中国やインドに存在しています。一大伝統が私たちに話しかける。哲学の多様さ・矛盾・相互に排斥しあう真理主張、これらは根底においてある一なるものが働いていることをいなむことができない。ただ何人もこの一なるものを所有することなく、あらゆる真剣な努力がその周囲を常に回転しているだけなのであります。すなわち永遠に一なる哲学、永遠の哲学 (philosophia perennis)。私たちがもっとも明快な意識をもって、しかも本質的に思惟しようと欲するかぎり、私たちにとっては私たちの思惟のこの歴史的根拠が頼りなのであります。

第二講　哲学の根源

始源と根源

哲学の歴史は方法的思惟《しい》としては二千五百年前から始まっているが、神話的思惟としては、それよりもはるかに以前から始まっているのであります。しかしここで哲学の根源というのは始源を意味するのではありません。始源というのは歴史的な意味でいわれ、それまでなされた思惟の労作による累積《るいせき》された多量の前提を後継者にもたらすものでありますが、根源というのはいかなる時を問わず、「哲学すること」への衝動が生れる源泉をいうのであります。この根源によってはじめてそのつどの現在の哲学が決定的になり、過去の哲学が理解されるのであります。

この根源的なものは多様であります。驚きから問いと認識が生れ、認識されたものに対する疑いから批判的吟味と明晰《めいせき》な確実性が生れ、人間が受けた衝撃的な動揺と自己喪失の意識から自己自身に対する問いが生れる。そこでまず最初にこの三つの動機を明らかにしてみましょう。

三つの根源的動機

第一、――プラトーンは哲学の根源は驚きであると申しました。私たちの目は私たちをして『星や太陽や大空の光景に参与させた』。そしてこの光景は私たちに『万有を研究する機縁を与えた。それから哲学が生れてきた。それは神々からはかない人間に貸し与えられた最大の財産となった』。またアリストテレースはつぎのように申しています――『人間に哲学する衝動を与えたものは驚異である。人間は最初彼らが出会った未知の事柄について驚異の念をいだいた。それから漸次進歩していって、月や太陽や星辰《せいしん》の変化や宇宙の発生について問うようになった』。

驚異の念をいだくことから認識が始まるのであります。驚異の念をいだくことにおいて私は無知を意識する。私は知を求める。しかしそれは知そのもののために知を求めるのであって《何らかの日常的な必要のため》にではないのであります。

「哲学すること」は生活上の必要に拘束された状態から目がさめるようなものであります。この覚醒《かくせい》は事物や天体や世界を目的から離れて見ることにおいて、また宇宙とは何ぞや、宇宙はどこから生じたのか、という問い――これらの問いに対する答えは、けっして効用に役立つものではなくて、答えそれ自身に満足を感ずるものでありますが――として実現するものであります。

第二、――もし私が存在者を認識することにおいて、私の驚きと驚異の念を満足さすことができたとしても、間もなく疑いが生じてきます。なるほど知識は積み重ねられていきますが、批判的な吟味に会うと、確実なものは何もなくなるのであります。感覚的知覚は私たちの感覚器官によって制約せられるものであり、したがって欺瞞《ぎまん》的でありまます。それらはいずれにしても、知覚されることから独立して、私の外においてそれ自体として存在するものとは一致していないのです。私たちの思惟の形式は、私たちの人間悟性の思惟の形式であります。しかしこれらの思惟の形式は、解くべからざる矛盾のうちに巻きこまれます。どこに行ってもいろいろな主張の対立が見られます。哲学をすることによって懐疑が生じます。そして私はそれを徹底的に遂行しようと努めます。しかしこの場合、結局のところ私はもはや何ものをも主張しないが、しかし同時にまたもはや一歩も先へ進むことのできないような懐疑による否定への満足をもってそれを行うか、それともあらゆる懐疑から免れて、あらゆる公正な批判に耐えるような確実性というものがいったい存在するものであるかという問いをもってそれを行うか、のどちらかであります。

我思う、ゆえに我在《あ》り、というデカルトの有名な命題は、彼にとって、他のいっさいのものが疑われる場合でも、なお疑うことのできない確実な命題であったのであります。と申しますのは、おそらく私に見破れないような私の認識の完全な誤りでさえも、私の思惟が誤りに陥る場合でもなお私は存在するという事実について、私を欺瞞することはできないからであります。

懐疑は方法的懐疑として、あらゆる認識の批判的吟味の源泉となるのであります。すなわち徹底的な懐疑がなければ、真の哲学することもありえないのです。しかし決定的な問題は、懐疑そのものによって、いかにして、またどこで、確実性の地盤が獲得せられるかということであります。

さて第三に、世界内の対象的認識に専念し、確実性への道としての懐疑の遂行において、私は事物にかかわっていて、私のことを、すなわち私の目的だとか、私の幸福だとか、私の健康のことなどを考えない。むしろ私は自分を忘れて、あの認識の遂行に満足しているのであります。ところでもし私の状況のうちにある私自身のことが意識されるようになると、事情は変ってくるのであります。

ストア学派のエピクテートスは、『哲学の起源は、自己の弱さと無力を認めることである』と申しております。どうしたら私の無力は救われるか、という問いに対して彼はつぎのように答えています——私の力に及ばないことはすべて、私にとって無関係なこととして、その必然性においてながめる。それに反して私に関係のある事柄、すなわち私の表象の仕方や内容は、これを思惟にとって明晰にし、自由にする、と。

限界状況

ここで私たちは私たちの人間的状態を確認しておきましょう。私たちは常にいろいろな状況のうちに生きているのであります。これらの状況は変化し、いろいろな機会が現われてきます。これらの機会はそれをとらえそこなうと二度とやってこない。私は自ら努めて状況を変化させることができます。しかし私は死なねばならないとか、私は悩まねばならないとか、私は戦わねばならないとか、私は偶然の手に委《ゆだ》ねられているとか、私は不可避的に罪に巻きこまれているなどというように、たとえ状況の一時的な現象が変化したり、状況の圧力が表面に現われなかったりすることがあっても、その本質においては変化しないところの状況というものが存在します。私たちはこのような私たちの現存在の状況を限界状況（Grenzsituation）と呼んでいるのであります。すなわちそれは私たちが越え出ることもできないし、変化さすこともできない状況が存在するということであって、これらの限界状況はかの驚きや懐疑についで、哲学のいっそう深い根源なのであります。私たちはあたかもこれら限界状況が存在しないかのように、目を閉じて生活することによって、これら限界状況から逃避して、単なる現存在の状態において生きるという場合がしばしばあるのです。私たちは、自分が死なねばならないということを忘れる。自分が罪を負っていること、偶然の手に委ねられているということを忘れる。そこで私たちは自分の現存在的関係から駆り立てられ、具体的な状況にのみかかわりあって、それらを自分のために支配したり、世界内において計画や行動によってそれに反応的に対処したりするのです。しかし私たちが限界状況に対していかなる態度をとるかといえば、それはこの限界状況を糊塗《こと》するか、あるいは私たちが限界状況を本当に把握《はあく》するかぎり、絶望と回生によってそれに対処するかの、いずれかであります。後者の場合私たちは、自分の存在意識を変革することによって自分自身になるのであります。

あらゆる世界存在が信頼できぬものであること　今度は私たちの人間の状態を別の仕方で考察して、あらゆる世界存在が頼りにならないものであるということを明《めい》瞭《りょう》にしてみましょう。

私たちの無疑問性は世界を存在そのものと見なすのであります。私たちは幸福な状態にある場合は、自分の力によって生活を楽しみ、無反省な信頼をもち、自分の現在的なものより他の何ものも知らない。また苦しいときや、元気のないときや、無力なときは絶望する。そしてそれらが過ぎ去って、さらに生き延びると、それを忘却してふたたび幸福な生活の中へはいっていくのであります。

しかし人間はこのような経験を通じて利口になるのです。脅威が人間に自己を守ることを余儀なくさせるのであります。自然の征服や人間的協同は人間の生存を保証しようとするものでありましょう。

人間が自然を支配するのは、それによって自然を自由に利用するためであります。自然は認識と技術によって私たちと親しいものとなるのです。

しかし自然を征服する過程のうちには、測りうべからざることが、したがってまたたえざる脅威が、一般的にいって挫折《ざせつ》(das Scheitern)がたえず存しています。すなわち非常に困難な仕事や老齢や病気や死は取除くことができないのであります。かくて支配せられた自然の親しみというものはすべて、全般的な不信頼性の枠内《わくない》におけるある一つの例外の場合なのであります。

そこで人間は、万人が万人に対する果てしない闘争を制限し、最後には排除するために、一致して共同体を形成し、相互扶助によって、安全を得ようと欲するのであります。

しかしここにもまた限界があります。諸国家が、絶対的な連帯性を要求するかのように国民のおのおのが相互に結びついているという状態にある場合においてのみ、おそらく正義と自由が全般的に守られうるでありましょう。なぜなら、このような場合においてのみ、もし誰かがひどい目に会ったら、他の人びとが一人の人のようになって、それに対抗するからであります。ところがそのようなことはかつて一度もあったことがないのです。非常の場合に臨んで、たとえ無力ではあっても、お互いのために本当に踏みとどまる人びとは、常に限られた範囲の人びとであり、あるいはごく少数の人びとだけであります。国家も教会も社会もけっして絶対的に護《まも》ってはくれないのです。このような護りは平和な時代の美しい欺瞞であったので、このような時代においては限界は糊塗されていたのです。

しかし世界というものが総じて信頼できないということに反対する他の事柄が確かにあります。すなわち世界の中には信仰に価《あたい》するもの、信頼を呼びさますものが存在し、故郷や田園――両親や祖先――兄妹や友人――妻などという私たちをささえてくれる地盤が存在しています。自国語や宗教や思想家・詩人・芸術家の作品などにおける歴史的な伝承の地盤が存在しているのであります。

しかしながらこれらすべての伝承もまた、けっして庇護《ひご》を提供してくれるものでもなければ、絶対的な信頼を提供してくれるものでもありません。と申しますのは、このようなものとして私たちの前に立ち現われるものはすべて人間が作ったものであって、世界の中には神はけっして存在しないからであります。伝承は常に同時に問題であります。どんな場合でも人間は自己自身の根源から伝承をながめることにおいて、彼にとって確実であり、存在であり、信頼できるものを見いださねばならないのです。しかしすべての世界存在が頼《たよ》りにならないということのうちに指示者が立ち現われるのであります。そしてこの指示者は世界内において満足を見いだすことを禁じます。それはある他のものを指示するものであります。

挫折の経験と自己となることの経験　これらの限界状況――死・偶然・罪・世界が頼りにならないこと――は私に挫折を示すものであります。私がこれらの限界状況を正直に見るかぎり、私はこの絶対的な挫折を認めないわけにはいかないのでありますが、それではこのような絶対的な挫折に当面して、私はどうすればよいのでありましょうか。

思惟《しい》の独立性としての自己固有の自由に帰れという、あのストア学徒の忠告に私は満足できません。このストア学徒は、人間の無力を徹底的に洞見《どうけん》しなかったということによって、誤りを犯したのであります。彼は思惟もまた独立的ではないということ、そして妄想《もうそう》が可能であるということを見落しているのです。思惟はそれに与えられるものに頼っていて、それ自体としては空虚なのであります。このストア学徒は思惟の独立性をいうのであるが、単にそれだけでは私たちを慰めるわけにはいかないのです。このような思惟は内容というものを少しもたないからであります。むしろ彼は私たちを失望させるのです。なぜなら、そこには自発的な内的克服の何らの試みもなく、愛における自己の授かりによる何らの実現もなく、可能的なものの希望的期待もないからであります。

しかしこのストア学徒が欲していることは本当の哲学なのであります。限界状況としての哲学の根源は、挫折することにおいて存在への道を獲得しようという根本的衝動を起させるものであります。

人間が挫折をどのように経験するかということは、その人間を決定する要点であります。すなわちそれは、彼は挫折を見ることができないで、ただ実際において最後にそれに打負かされるか、それとも人間は挫折を糊塗《こと》することなく見ることができて、それを彼の現存在の常住不断の限界として目から離さないでおるかどうか、また、空想的な解放と安心立命を得るか、それとも解義不可能なものの前で沈黙して正直にそれを引受けるかどうか、ということであります。人間が自己の挫折をどのように経験するかということが、その人間がいかなるものとなるかということを立証するのであります。

限界状況のうちには、無が現われるか、それともあらゆる消滅する世界存在に抗し、それを超越して、本来的に存在するものが感得されるようになるか、のいずれかであります。絶望でさえも、それが世界内で可能であるという事実によって、世界を超《こ》え出ることの指示者となるのであります。

換言しますと、人間は救済を求める。ところで救済は多くの一般的な宗教によって提供せられるのであります。宗教の特徴とする点は、救済の真理性と現実性に対する客観的な保証にあるのであります。宗教の道は個々人の回心という行為へ通じている。しかし哲学はそういうものを与えることはできない。それにもかかわらず、あらゆる「哲学すること」は一種の現世の超克であり、救済の一類比物なのであります。

三つの根源と交わり　総括して申しますと、「哲学すること」の根源は驚異・懐疑・喪失の意識に存しているのであります。あらゆる場合において、「哲学すること」は人間を襲う衝撃をもって始まります。またそれは困惑の中からある目標を探り出そうとするものであります。

プラトーンとアリストテレースは驚異から存在の本質を探求しました。

デカルトはどこまでいっても果てることのない不確実の中に、いなみがたく確実なものを探求しました。

ストア学派の人びとは現存在の苦悩のうちに魂の安静を探求しました。

これらの困惑はいずれも、表象や言語の歴史的衣服をそれぞれ身につけたところの、それ自身の真理をもっています。私たちはそれらを歴史的に自己のものとすることにおいて、それらを通って、私たちの内部において依然として現存する諸々《もろもろ》の根源へと迫りゆくのであります。

このような迫りゆきは信頼できる地盤・存在の根底・永遠化を目ざすものであります。

しかしおそらく、これらの根源の中のいずれもは、私たちにとってもっとも根源的な無制約的なものではないでありましょう。驚異の念にとって現われる存在の顕現は、私たちに一息つかせるものであります。しかし同時にそれは、私たちを人間から逃避させて、純粋な魔術的な形而上学《けいじじょうがく》へ陥らしめるように誘惑するものでもあります。いなむことのできぬ確実性はその領域を、ただ科学的知による世界定位においてもつにすぎません。ストア主義における魂の不動の態度は、ただ困窮の場合における一時しのぎとして、徹底的な没落からの一歩手前の救いとして、私たちにとって価値があるにすぎないので、それ自身には依然として内容もなければ生命もないのであります。

驚異と認識、懐疑と確実性、自己喪失と自己となることのこの三つの有力な動機は、現在の「哲学すること」において私たちを動かしているものをことごとく尽すものではありません。

前代未《み》聞《もん》の崩壊と、きわめてかすかにしか予感されない機会という、歴史の徹底的な切れ目である現代においては、これまで明らかにせられた三つの動機は、なるほど適切ではあるが、それで十分であるとはいえないのであります。これらの三つの動機は、人間と人間との間の交わり(Kommunikation)という一つの制約のもとにおかれるのであります。

今日までの歴史においては、親密な共同体や制度や普遍的精神などとして、人間と人間との自明的な結合が存在していたのであります。孤独な人間でさえもなお、彼の孤独においていわばささえられていたのです。ところが今日では、人びとはますますお互いを理解しあわなくなってゆき、会っては別れ去り、お互いに無関心であるということ、すなわち忠実さも共同性ももはやけっして疑問なきものでもなければ、信頼できるものでもないということのうちに、崩壊がもっともよく感知されるのであります。

実際的には常に存在していたところのありきたりの状況が、いまや私たちにとって決定的に重大なものとなりつつあるのです。その状況というのは、真理に関して他の人びとと一致することもあるし、また一致しないこともあるということ、私の信仰は、もしそれを私が確信するならば、それだけに他の信仰と衝突するということ、何らかの限界において、常に一致の望みのない、しかも服従か征服かのどちらかに終るところの闘争だけが残るかのように思われるということ、逃避と無抵抗が無信仰者をして盲目的に相互に結びあわせるか、あるいは頑固《がんこ》に反抗させあうかどちらかであるということ、などであります。これらすべてはかりそめのことでもなければ、非本質的なことでもないのであります。

私が満足できるような一個の真理が孤立した私にとって存在するとしたら、あるいはそうであるかもしれません。もし私が絶対的な孤独の境遇にあって、私自身だけで真理を確信するとするなら、不完全な交わりに対するあの悩みも、本当の交わりにおけるあの独特の満足も、哲学的に私たちの心をそれほど打つものではないでしょう。しかし私は他者とともにのみ存在します。ただ一人だけでは私は無であります。

単に悟性と悟性、精神と精神との交わりではなくて、実存と実存との交わりは、非人格的な内容や主張を単に一個の媒体としてもつにすぎません。そこで弁護や攻撃は、権力を獲得するための手段ではなくて、お互いが接近するための手段なのであります。

闘争は愛の闘争であって、このような闘争にあっては、各人は他人に対してあらゆる武器を引渡すのであります。本来の存在の確認は交わりにおいてのみ存在するのであります。交わりにおいて自由と自由が協同関係を通じて隔意のない相互関係に立ち、それ以外のものとの交わりはすべて予備的段階であるにすぎず、むしろ決定的な点においては、あらゆるものは相互に要求されあい、根底において問われるのであります。それにこのような交わりにおいて、はじめてあらゆる他の真理が実現されるのです。それにおいてのみ私は私自身であり、私は単に生きるのではなくて、私の生活を充実させるのであります。神は間接的にのみ現われます。ただしこの場合、人間と人間との愛が欠けていてはならないのです。いなむことのできぬ確実性は個別的・相対的で、全体者に従属しています。ストア主義は空なる、そして固定した態度に陥るのであります。

私は諸君に向って、哲学的な根本的態度の思想的な表現についてお話ししているのでありますが、この哲学的な根本的態度というものは、交わりが失われていることによる困惑のうちに、本当の交わりへの衝動のうちに、自己存在と自己存在とを根底において結合するところの愛の闘争の可能性のうちに、根ざしているのであります。

またこの「哲学すること」は、同時にあの三つの哲学的な困惑のうちに根ざしているのであります。しかしこれらのものはすべて、味方としてであれ、敵としてであれ、これらのものが人間と人間との間の交わりに対して何を意味するかという制約のもとにおかれるのであります。

そこで、哲学の根源は驚異・懐疑・限界状況の経験のうちに存するのでありますが、しかし究極的にはこれらすべては総括して、本来の意味における交わりへの意志のうちに存するのであるといわれるのです。このことはすでに最初からして、あらゆる哲学は伝達への衝動をもち、自己を語り、傾聴されることを欲するということ、すなわち哲学の本質は伝達可能性そのものであり、またこの伝達可能性は真理存在から離すことのできないものであるということにおいて明らかになっているのであります。

交わりにおいてはじめて、哲学の目的は達成されます。そしてこのような目的のうちに、あらゆる目的の意義が基礎づけられるのです。この哲学の目的とは、存在の覚知・愛の開明・完全な安静の獲得であります。

第三講　包括者

主観＝客観の分裂（Subjekt-Objekt-Spaltung）

本日はある一つの哲学の根本思想についてお話し申上げたいと思うのであります。それは哲学の根本思想の中でもっともむずかしいものの一つであります。しかし私たちはそれに触れないでおくわけにはいかないのです。と申しますのは、それは本来的な哲学的思惟《しい》の意義を基礎づけるものであるからです。そこで、この思想を完全に叙述することは厄介な仕事でありますが、それはきわめて簡略な形式においてでも理解せられねばならないものでありますす。そこで私はこの思想の概略をお話ししてみようと思うのであります。

哲学は、何が存在するか、という問いをもって始まっております。最初に存在するものは、いろいろな種類の存在者、世界内の事物、いろいろな形態の無生物と生物、といったような無限に多くのものであって、これらいっさいは来《き》たり、そして去っていきます。しかし本来の存在、換言しますと、あらゆるものを結合し、あらゆるものの根底に横たわり、存在するいっさいのものがそれから発生するところの存在とはいかなるものなのでありましょうか。

この問いに対する答えは驚くべきほど多様であります。最古の哲学者の最古の答えの栄誉を荷負《にな》うものは、いっさいは水であり、いっさいは水から生ず、というタレースの答えであります。そのつぎはこの答えにかわって、いっさいは本来火であるとか、空気であるとか、無規定なものであるとか、物質であるとか、元子《アトム》であるとかいう。あるいはまた最初の存在は生命であって、いっさいの無生物は生命からの堕落を意味するにすぎないものであるとか、あるいはいっさいは精神であって、この精神にとっては事物は現象であるにすぎず、精神の表象は、精神によっていわば一個の夢として生み出されたものであるとかいうのです。かくて人びとは世界観の一大系列を見るのであります。そして人びとはそれらをそれぞれ唯物論《ゆいぶつろん》（いっさいは物質であり、自然機械的な生起である）とか、唯心論（いっさいは精神である）とか、物活論（万物は有心的な生ける物質である）とかいう名称で呼んでいるのであります。本来存在とは何であるか、という問いに対するこの答えは世界内において現われる存在者をさしていわれているのです。そしてこの存在者は、いっさいの他のものはこの存在者から生れ出る、という特殊な性格をもたされているのであります。

しかしいったいどれが正しいのでしょうか。学派間の争いに関連していろいろ論証が行われているが、数千年の間においてこれらの立場の中である一つの立場が真の立場であるということを証明できたものはないのであります。それぞれのものにとって、何か真なるものが、すなわち世界内において何かを見ることを教えるところのある一つの見方だとか、研究方法だとかが現われてはいます。ところがこれらの立場はいずれも、自分の唯一《ゆいいつ》の立場であるとして、その根本的見地から存在するいっさいのものを説明しようとすると、誤りに陥るのであります。

それはどういうわけなのでしょうか。これらすべての見地にとって一つのことが共通的となっております。すなわちそれは、これらの見地は存在を、対象として私に対立するあるものとして、すなわち私に対立する客観としてそれを思念することによって私がそれに心を向けているところのあるものとして、とらえるということであります。これらの私たちの意識的な現存在の原初的現象はきわめて自明的なのであります。したがって私たちはそれについて全然疑問をもたないからして、私たちはその謎《なぞ》をほとんど感知しないのであります。私たちがあるものについて思惟し、それについて語るところの当のものは、常に私たちとは異なった別のものであり、私たちがすなわち主観が、それを私たちに対立するものとして、すなわち客観として、心を向けるものなのです。私たちが私たち自身を思惟の対象たらしめる場合は、私たち自身はいわば他者となる。そしてそれと同時に常に、思惟する自我がふたたび現われます。この思惟する自我は自らこの思惟を遂行するが、しかしそれ自らはそれに適応した客観としては思惟されません。なぜなら、思惟する自我はいつでも、あらゆる客観化の前提であるからです。私たちの思惟する現存在のこういう基礎的状態を私たちは主観＝客観の分裂と呼びます。私たちが目ざめ意識しているかぎり、私たちは常にかかる分裂状態にあるのです。私たちは頭の中で自分の思うように自分をひねくりまわしてみることができます。しかし私たちはいつもこのような分裂状態にあって対象的なものに心を向けています。この対象が感性的知覚の事象であろうと、数とか図形のように、観念的対象の考想であろうと、空想的な内容のものであろうと、ないしは、不可能なものの幻想であろうと、何ら異なるところはないのであります。常に対象は私たちの意識内容として、外部的あるいは内部的に私たちに対立して存在しているのです。ショーペンハウアーの表現を用いるなら、主観のない客観も存しなければ、客観のない主観も存しないのであります。

包括者（das Umgreifende）　このおのおのの瞬間に現われる主観＝客観の分裂の秘密は何を意味するのでしょうか。しかし存在は全体としては客観であることも、主観であることもできないで、むしろ《包括者》であらねばならないということ、そしてこの包括者が分裂して現象となって現われるということは明瞭《めいりょう》であります。

存在そのものは対象（客観）ではありえないということは、いまや明瞭であります。私にとって対象となるところのいっさいのものは、包括者のうちから出て私に向ってくる。そして私は主観として包括者から外に出るのであります。対象は自我にとって存在するところの一定の存在なのであります。ところが包括者は私の意識にとって依然として不明瞭なのです。それは対象を通じてのみ明白になってくるのです。そして対象がますます意識的となり、明晰《めいせき》になるに従って、それはいっそう明白になってきます。包括者はそれ自らは対象とはならないけれども、自我と対象との分裂において現象となって現われるのであります。それ自身はどこまでも背景であって、その内から果てしなく現象となって開明せられていくのであるが、それは依然として常に包括者なのであります。

思惟されたものはすべて差別的である。二重の分裂　今度はあらゆる思惟のうちに第二の分裂が存しています。規定された対象としての対象はいずれも、それが明晰に思惟されるかぎり、常に他の対象と関係しています。規定性とは一を他から区別することを意味します。私が存在一般を思惟する場合でも、私はそれの反対物として無を思惟するでしょう。

このようにあらゆる対象、あらゆる思惟された内容、あらゆる客観は、いずれも二重に分裂しているのであります。第一にそれは私、すなわち思惟する主観、と関係し、第二に他の対象と関係しています。あらゆる対象は思惟された内容として、けっしていっさいであることも、存在の全体であることも、存在そのものであることもできません。思惟されているということは、すべて包括者の外へ脱落していることを意味します。それは自我に対立するとともに、他の対象に対立するところの特殊なものであります。

それゆえ包括者は、常に思惟されることにおいて単に名のり出る (sich ankündigen) だけであります。それはそれ自らで私たちの前に現われるものではなくて、それにおいてあらゆる他者が現われるところのものなのであります。

包括者確認の意義　このような確認は何を意味するのでしょうか。

事物と関係している私たちの通常の悟性に即して考えると、この包括者の思想は不自然であります。世界内の実際的な事柄に向けられる私たちの悟性はこの思想に対して不服でありましょう。

あらゆる思惟されたものを思惟によって飛躍するための手段であるところのこの根本操作は、おそらくむずかしいものではないでしょうが、しかし非常に奇異に感ぜられるものでありましょう。なぜなら、それは認識によってとらえられるようなある新しい対象の認識を意味するのではなくて、この思想の助けを借りて私たちの存在意識の変革を起そうとするものであるからなのです。

この思想は私たちにけっして新しい対象を示さないからして、それは普通の世界知の意味においては空虚であります。しかしそれはそれの形式を通じて、私たちにとって存在する存在者の現象の無限の可能性を開き、また同時に、あらゆる存在者を透明(transparent)ならしめるものであります。それは現象のうちに、本来的に存在するものを聴く能力を私たちの心の中で目ざめさすことによって、私たちが有する対象性の意味を変革さすものであります。

包括者の様式　さらにもう一歩立ち入って包括者の開明を試みてみましょう。

包括者について哲学すること、このことは存在そのものの中へ侵入することを意味するでしょう。ところで存在の中に侵入することは、ただ間接的にのみ行われます。

なぜなら、私たちは語ることによって対象に関して思惟するからであります。私たちは対象的な思惟を通じて、包括者なる非対象的なものへの指示者を獲得しなければならないのであります。

さきほど私たちが考えてきたことはその一つの例であります。すなわちそれは、私たちは常に主観＝客観の分裂の状態におかれていて、それを外部からながめることはできないのですが、私たちはこの分裂について語ることによって、それを対象とする——ただし何ものかに適応したものとしてではなく——ということになります。と申しますのは、この分裂は世界内において、対象として私に対立している事物の間に存する一つの関係だからであります。ところでこの関係は、全然不可視的で、それ自身けっして対象となることのないものを表現するための象徴《ビルト》となるものなのであります。

私たちは、私たちにとって根源的に明白であるものからさらに進んで考えてみて、この主観＝客観の分裂を、それとしては多様な意味をもつものとして確認するのであります。この分裂は、私が悟性として対象を志向しているか、あるいは生ける現存在として私の環境世界を志向しているか、それとも実存として神を志向しているかということによって、根源的に異なっているのであります。

悟性として私たちは、把捉《はそく》可能な事物に対立し、可能であるかぎり、これらの事物について、すなわち常に規定された対象について、いなみがたく普遍妥当的な認識を得るのであります。

私たちの環境世界内にある現存在的な生物として、私たちはこの環境世界内において、普遍的な知としてはけっして現われない現在的なものとして、感覚的・直観的に経験され、体験として現実的になるものからとらえられているのであります。

実存として私たちは神——超越者（Transzendenz）——に関係しています。そしてこの関係は、実存が暗号（Chiffre）または象徴（Symbol）たらしめるところの事物の言語によって生ずるものであります。私たちの悟性も私たちの生命的な感性も、この暗号的存在の現実をとらえることはできません。神の対象的存在はただ実存としての私たちにとってのみ一個の現実であって、経験的に実在的で、強制的に思惟可能で、感覚的に触発するところの対象とは全然異なった次元に属しているのであります。

そこでもし私たちが包括者を確認しようとすると、すぐにそれは若干の包括者の様式へ分類されます。そしてこの分類はあの主観＝客観の分裂の三様式を手引きとして行われます。すなわちそれは第一に、意識一般としての悟性——意識一般として私たちはすべて同一的であります。第二に、生ける現存在——生ける現存在として私たちはそれぞれ特殊な個体であります。第三に、実存——実存として私たちは私たちが歴史的であることにおいて本来的に私たち自身であります。

私はこのような確認についての完全な説明を簡単に報告することはできません。ただつぎのように申上げるだけで満足しなければならない。それは、包括者は、存在それ自身として考えられた場合は、超越者（神）および世界と呼ばれ、私たち自身であるものとしては、現存在・意識一般・精神・実存と呼ばれるということです。

神秘主義の精神

もし私たちが私たちの哲学的な根本的操作によって、いわゆる存在それ自身としての客観へ私たちを縛りつけている束縛を解いたならば、神秘主義の精神が理解できるでしょう。数千年以来中国やインドやヨーロッパの哲学者たちは、たとえ伝達様式においていろいろ異なっていても、いかなる場所においても、いかなる時代においても、同じような意味のことを申しております。すなわちそれは、人間は主観＝客観の分裂を越えて、主客の完全な合一へ到達することができる、そしてそこではあらゆる対象性も自我も消滅するというのであります。そのとき本来の存在が開かれ、そして目ざめたとき、それはもっとも深い、汲《く》みつくすことのできない意味の意識を残すのであります。しかしこのことを経験した人にとっては、あの主客の合一は本来の目ざめであって主観＝客観の分裂状態における意識への目ざめは、むしろ眠りであります。たとえばヨーロッパのもっとも偉大な神秘主義者であるプローティーノスはつぎのように書いています。

『私は肉体のまどろみから目ざめて我に帰るとき、しばしば不可思議な美を見る。そのとき私は、いっそう優《すぐ》れた、いっそう高い世界へ自分が属していることをもっとも堅く信ずる。そして私の体内にすばらしい生命が力強く沸き上がってきて、私は神性と一つになってしまうのだ』。

このような神秘的な経験に対しては、もとより疑いをさしはさむことはできないのでありますが、あらゆる神秘主義者は言語によって自己を伝達しようと欲するにもかかわらず、本質的なものは言語によって語ることができないという事実に対してもまた、疑いをさしはさむことはできません。神秘主義者は包括者の中へ沈潜するのです。語りうるようになるものは主観=客観の分裂へ陥る。そして無限に意識が明白化されていっても、けっしてあの根源の充実に到達することはないのです。しかし私たちが語りうるものは、ただ対象的な形態をとるものに限られています。根源は伝達不可能であります。しかし根源は私たちが思弁的思想と名づけるあの哲学思想の背景に存しているのであるということが、この思弁的思想の内容と意味を構成するのであります。

暗号文字としての形而上学《けいじじょうがく》

包括者について私たちが試みた哲学的な確認に基づいて、私たちにはまた数千年の間に現われた火・物質・精神・世界過程等々に関する偉大な存在論や形而上学の意味がいっそうよく理解できるのであります。と申しますのは、これらの存在論や形而上学はしばしば対象的知として理解されているのですが、しかしこれらのものを対象的知として見ることは、絶対的に誤りだからであります。また実際において、これらの存在論や形而上学はこのような対象的知に尽きるものではなくて、むしろ存在の暗号文字であったのです。ところでこの暗号文字なるものは、包括者というものが現在するということからして、哲学者たちによって自己開明および存在開明として考えつかれたものであります。ところが間もなくそれは誤って、本来の存在としての一定の客観だと見なされるようになったのです。

私たちが世界の現象のうちにおいて動いている場合に、私たちは、存在そのものを、常に狭隘《きょうあい》な対象においてもつのでもなく、現象全体としての私たちの常に制約された世界の地平線内においてもつのでもなくして、むしろあらゆる対象と地平線を越え、主観＝客観の分裂を越えた包括者においてのみ、もつのであるということを意識するようになるのであります。

もし私たちが根本的な哲学的操作を通じて包括者を覚知するならば、最初に挙げた形而上学や、あのいわゆる存在認識はすべて、それらが世界内にある何か重大な存在者を存在そのものと見なそうとするやいなや、その価値を喪失するでしょう。しかしもし私たちが、存在そのものを見るために、対象や、思惟《しい》されたものや、世界の地平線内におけるあらゆる存在者を、すなわちあらゆる現象を、越え出るならば、形而上学は私たちにとって可能な唯一《ゆいいつ》の言語となるでありましょう。

と申しますのは、交わりを欠く神秘主義においては別でありますが、世界を放棄することによっては、私たちはこの目標に到達することはできないからであります。限界において感得されうるものを通じて自己の限界を経験することによって、明瞭《めいりょう》な対象的知においてのみ、私たちの意識は明晰《めいせき》でありうるのです。私たちの意識は、この対象的知としてのみ、その内容を受取るのであります。あるものを越えて思惟するこ とは、同時に常にそのものの中におることであります。現象が私たちに透明になることによって、私たちは現象に結びつけられているのであります。

形而上学を通じて私たちは超越者としての包括者の声を聞くのです。そして私たちはこの形而上学を暗号文字として理解するのであります。

しかしもし私たちが、この思惟を勝手に美的に味わうようなことをするならば、私たちは形而上学の意味をとらえそこなうことになるでしょう。と申しますのは、形而上学の内容は、私たちが現実の声を暗号として聴く場合においてのみ、私たちにとって現われるからであります。そして私たちは私たちの実存の現実の中からのみ聴き取るのであって、単なる悟性の中から聴き取るのではないのです。悟性はむしろこの場合、何らの意味をも見ようとは考えないのであります。

しかし私たちにはそれだけに、現実の暗号（象徴）を、私たちがとらえたり、処理したり、消費したりする事物のような有形的な実在物と見なすことは許されないのであります。客体そのものを本来的な存在と見なすことは、あらゆる独断論の本質であり、また象徴を物質的な具象性として実在的だと見なすことは、特に迷信の本質であります。と申しますのは、迷信は客観に繫縛《けいばく》されているものであり、信仰は包括者に基礎をおいているものだからです。

哲学的思惟の蹉跌《さてつ》　さて包括者確認の究極の方法的帰結は、私たちの哲学的思惟の蹉跌の意識であります。

私たちは包括者を哲学的な論法によって考究するのだとしても、私たちはふたたび、その本質に従っていえば、対象ではないところのものを対象とすることになるでしょう。それゆえ、対象的内容として語られたものを解消するというたえざる留保が必要なのであります。それは、言葉で言い表わすことができるようになったところの、内容としてのある一つの研究の成果ではなくて、むしろ私たちの意識の態度である包括者のあの覚知を得るためにほかならないからです。変化するものは私の知ではなくて、私の存在意識なのであります。

しかしいまやこのことが、あらゆる本来の「哲学すること」の根本的特徴なのであります。包括者への人間の飛躍は、対象を規定する思惟の媒介において、しかもそれにおいてのみ、起るものであります。この飛躍は、存在そのものにおける私たちの現存在の根拠、そこからの導き、根本的気分、私たちの生活と行為の意味付与、を意識的に活動させます。この飛躍は、規定的な思惟を放棄しないで、むしろそれを徹底的に遂行することによって、私たちをこの思惟の束縛から解放するのです。この飛躍は普遍的な哲学的思想において、私たちの眼前で自己を実現するために、側面を開いているのであります。

存在が私たちにとって存在するためには、存在が主観と客観との分裂において、経験を通じて心にとっても顕《あらわ》になるということが条件であります。それゆえ私たちの心は私たちの心の中にある明晰性への衝動が条件であります。単に曖昧《あいまい》に現在するにすぎないものはすべて、対象的な形態において、そして自己を実現しようとする自我の本質によって、とらえられねばなりません。そればかりでなく、存在そのもの、いっさいを基礎づけるもの、無制約的なものでさえも、対象性の形態をもって、目に見られることを要求するのであります。たとえこの形態が、対象性としてそれに適応するものをもたぬゆえに、ふたたび粉砕され、包括者の顕現の純粋な明晰性を破壊さす結果になるとしても、そうなのであります。

ニヒリズムと再生　私たちの思惟する現存在の根本的事実としての主観＝客観の分裂の意識化と、その中に顕現する包括者の意識化は、私たちにはじめて「哲学すること」の自由をもたらすのであります。

この思想は私たちをあらゆる存在者から解放します。それは固定化のあらゆる袋小路から帰ることを強要します。それは私たちにとって、いわば方向を転回さす思想であります。

事物の絶対性と対象的認識論の絶対性の喪失は、これらのもののうちに自分のささえをもつ者にとっては、ニヒリズムを意味します。現実と真理であらんとするひたむきな要求というものは、言語と対象性によって規定的なものとなり、また同時にそれによって、有限的なものとなるところのいっさいのものからは消え去るのであります。

私たちの哲学的思惟は、むしろ本来の存在への解放であるところのこのニヒリズムを通っていくのであります。「哲学すること」における私たちの本質の再生によって、あらゆる有限的な事物の、かつては制限された意義と価値が生じてきます。そしてこれらの有限的事物の道を通ることが、避けられないことだということが確認せられます。しかし同時にそれによって、これらの事物との自由な交渉をはじめて可能ならしめる根拠が獲得されるのです。

じつは虚偽であったところの固定的な事物の崩壊によって、飛翔《ひしょう》することができるようになるのであります――深淵《しんえん》と見えたものが自由の空間となるのです――外見的には無であるものが変化して、それから本来の存在が私たちに語りかけるものとなるのであります。

第四講　神の思想

聖書とギリシア哲学

私たちのヨーロッパにおける神の思想には、歴史的にいって二つの源泉があります。それは聖書とギリシア哲学であります。

エレミヤが、自分が永い生涯をかけて築いたものがすべて滅び去ったのを見たとき、彼の国と民が失われたとき、エジプトにおいて彼の民として最後まで残ったものたちさえも、もはやエホヴァを信じなくなって、イシス（一）に捧《ささ》げたとき、そして彼の弟子バルクが絶望のあまり『我は嘆きて疲れ、安きを得ず』と語ったとき、彼は『見よ、われ我《わが》建てしところのものを毀《こぼ》ち、わが植えしところのものを抜かん。汝《なんじ》おのれのために大いなることを求むるか。これを求むるなかれ』と答えたのであります。（二）

このような状況においてこれらの言葉は、神が存在するということで十分なのである、という意味をもっているのであります。《不滅》ということが存するかどうかは問題ではない。神が《赦《ゆる》す》かどうか、といったような問題はもはや表だった問題とはならない。人間のことなどはもはや全然問題でない。人間の我意も、自己自身の幸福や永遠性に関する慮《おもんぱか》りも消滅してしまっているのです。しかしそればかりでなく、世界は全体として一つのそれ自身のうちで完結した意義をもつとか、世界は何らかの形体において永久不変であるなどということも不可能なことである、ということが理解されているのであります。と申しますのは、いっさいのものは神によって無から創造されたものであって、いっさいは神の手の中に存するからであります。それは神が存在する、というものが失われたときただ一つのことがあとに残ります。いっさいのことであります。この世界のうちにおいて一個の生活が、神の手に導かれて最善の努力を試み、しかもなお挫折《ざせつ》したとしても、神が存在するという一つの驚くべき事実があとに残るのです。人間が徹底的に自分自身と自分の目的を放棄するとき、彼にとってこの事実が唯一《ゆいいつ》の事実として現われることができるのであります。しかしそれは事前に現われるのでもなく、抽象的に現われるのでもなくて、世界の現存在の中へ沈潜することによってのみ現われ、しかもこの世界の現存在の限界においてはじめて現われるのです。エレミヤの言葉はまことにきびしい言葉であります。それはもはやこの世における歴史的な活動意欲と結びついたものではありません。しかしこのような活動意欲は私たちの生ける証《しるし》として先行し、そして最後に徹底的な挫折においてはじめてこのような意味を可能ならしめるものでありましょう。エレミヤの言葉は率直で、何ら奇抜なものではないが、しかも汲《く》みつくすことのできない真理を含んでいます。それはこの言葉が言表されるような内容と、この世に対する執着をすべて放棄しているなればこそであります。

ギリシア哲学が語る言葉は、これと異なっていますが、なおこれと一致するような響きをもっております。

紀元前五〇〇年ごろのギリシア哲学者クセノパネースは、外観においても、思想においても、有限な人間に似たところのない唯一の神が支配する、と述べています。プラトーンは神性を――彼はこれを善なるものと呼んでいますが――あらゆる認識の根源だと考えました。認識可能なものは、単に神性の光によって認識されるばかりでなくて、自己の存在を、それ自らは権威と力に関して存在を越えた神から授けられたのであります。

ギリシアの哲学者たちの考えによると、多くの神々が存在するというのは、単に習俗によるだけのことで、本来はただ一つの神が存在するだけなのである、神は目で見ることはできない、それは何ものにも似ていない、神はいかなる像によっても認識されない、というのであります。

神性は、世界理性であるとか、世界法則であるとか、運命と摂理であるとか、世界建造者であるとか、考えられるのであります。しかしギリシアの思想家たちにおいて問題とせられた神は考えられた神であって、エレミヤの生ける神ではないのであります。しかしこの両者の精神は合致するのであります。西洋の神学と哲学は、この二つの源泉から出発する無限の変遷《へんせん》過程において、神が存在するということと、神とは何ぞや、という問題を考えたのであります。

哲学者は答えねばならない　現在の哲学者は、神が存在するかどうかという問題を回避する傾向があるように見受けられるのであります。彼らは神の存在を主張もしなければ、否定もしないのです。しかし哲学する者は答弁を求められている者であります。神について問われたならば、哲学者は何らかの答えを与えなければなりません。そうでなければ、彼は、一般に何事も主張せず、何事も肯定せず、何事も否定しないところの懐疑的哲学の立場を放棄していない者であるか、あるいは、彼は、自分の立場を対象的に規定された知、すなわち科学的認識に制限して、我々は知ることのできぬ事柄に関しては沈黙を守るべきである、という命題をもって、哲学することをやめる者であります。

相互に相容《い》れない四つの方法的原則　神の問題は矛盾を含む命題を基礎として説明せられるものであります。そこで私たちはこれらの命題について順次検討してみましょう。神学上の命題は、神はイエスに至るまでの数々の予言者によって啓示されたという理由によってのみ、我々は神について知ることができる、というのであります。すなわち啓示がなければ、神は人間にとってけっして現実に存在しない。神に通ずるのは、思惟《しい》によってではなく、信仰の服従によるのであります。

しかし聖書の啓示の世界よりもはるかに以前において、またその外において、神性の現実的な存在についての確認が存在していたのです。しかもキリスト教的ヨーロッパの世界の内部において、多くの人びとは、啓示の保証なくして神の確認をもっていたのであります。

神学上の命題と対立するものは、古代の哲学的な命題であります。それは、神の存在が証明されうるからして、我々は神について知るのである、というのであります。古代以来の神の証明は、それを総括すると、一つの浩瀚《こうかん》な文書となります。

しかしもし神の証明が数学や経験科学の意味における、科学的にいなむことのできぬ証明だと解されるならば、それは間違っています。このような証明のいなみがたい妥当性については、カントが徹底的に否定しているところであります。

そうすると今度は、つぎのような正反対の帰結が生ずるかもしれません。すなわちそれは、あらゆる神の証明に対する反駁《はんばく》は、神が存在しないということを意味するのだということであります。

この帰結は誤りであります。と申しますのは、神の存在が証明せられえないならば、それと同様に神の非存在も証明されえないわけであるからです。神の証明とその反駁は、ただ証明された神はけっして神ではなくて、おそらくこの世界内のある一つの事物であるにすぎないということを、示すだけのことであります。

神の存在についてのいわゆる証明と反駁において真理があるとするならば、それはおそらく、いわゆる神の証明は元来けっして証明ではなくして、思惟による自己確認の道であるということでありましょう。数千年にわたって考えられ、そしていろいろな変化をたどって繰返された神の証明は、実際においては、科学的な証明とは異なった意味をもっているのです。それは人間から神への飛躍の経験による思惟の確認なのであります。私たちはこの思想の道を通って限界に到達し、そこで飛躍することによって、神の意識が自然的に顕現するのであります。

神の証明についての例（宇宙論的・目的論的・実存的）二、三の例を挙げてみるならば、もっとも古い証明を宇宙論的証明と申します。宇宙《コスモス》（ギリシア語で世界に当る言葉）から神を推論するものであります。すなわちそれは、世界の生起が、常に原因を有するということから、究極の原因を推論し、運動から運動の起源を推論し、個物の偶然性から全体者の必然性を推論するものであります。

もしこの推論が、あたかも私たちの方に向いている月の側面から、私たちがけっして見ることのできない反対の側を推論するように、ある事物の現存在から他の事物を推論することをいうのだとしたら、この推論は不当であります。むしろ私たちは単に世界内にある事物から他の事物を推論することができるだけであります。全体者としての世界はけっして対象となりません。と申しますのは、私たちは常に世界の中にあって、けっして世界を私たちに対立する全体として所有することはできないからであります。それゆえ、全体の世界から何か世界と異なった他のものを推論することはできないのであります。

それにもかかわらず、もしこの推論の思想がもはや証明としての価値をもたないとするなら、この思想はその意味を変えるのであります。それゆえこの思想は、一から他へ及ぼす推論の形式を借りて、世界ならびに世界内における、私たちが一般に存在するということのうちに存するところの秘密を悟らせるのであります。もし私たちが試みに、無もまた存在し能《あた》うかもしれない、と考えて、シェリングとともに、何ゆえに一般にあるものが存在して、無が存在しないのか、と問うとするなら、現存在の確実性はつぎのような性質のものであります。すなわちそれは、私たちは現存在の根拠についての問いに関して何らの答えも得られないのではあるが、しかしその本性上無条件に存在し、また存在しないはずはなく、かつそれによって他のいっさいのものが存在するところの包括者へ導かれることによって、確認されるような確実性なのであります。

人は好んで世界を永遠的なものと見なし、そして自己自身から存在し、したがって神と同一的であるという性格を世界に与えさえしました。しかしそのようなことはできないのであります。

この世界において美わしく、合目的的で、秩序整然としており、そしてこのような一種の完全な秩序を保って存在するところのいっさいのもの——私たちが直接の自然観照によって、感動をもってその汲《く》みつくすことのできない充実を経験するところのいっさいのもの、これらはたとえば、物質のような徹底的に認識することのできる世界存在によっては理解せられないものであります。生けるものの合目的性だとか、あらゆる形態の自然美だとか、世界一般の秩序だとかは、事実的な認識が進歩するに従って、ますます神秘的になっていくのであります。

さてしかしこのことから、神の存在、すなわち善意的な創造神が推論されるならば、すぐにそれに対して、この世界のうちにあるいっさいの醜悪なるもの・混乱せるもの・無秩序なものが対立するでしょう。そしてそれに対応して、世界を無気味で、奇異で、ものすごく、恐ろしいものと感ずるところの根本的気分が発生するのであります。悪魔への推論は、神への推論におけると同程度に不可抗的であるように思われます。超越者の秘密はそれでもって終るのではなくて、かえって深められるのであります。

しかし世界が非完結であるということは決定的な事実であります。世界は終ることがなく、むしろ永遠に変化しつつあります――私たちの世界認識は終結点を見いだしません――世界はそれ自身のうちからは理解せられえないのであります。

上述のこれらの証明はすべて、神の存在を証明するものでないばかりでなく、かえってややともすれば、神を一種の世界実在に化そうとするものであります。いまここで世界実在と申しますものは、いわば世界の限界において固定されて、そこで見いだされる第二の世界のことをいうのであります。そうしますと、これらの神の証明はかえって神の思想を混迷に陥《おとしい》れるものとなるのであります。

しかしながらこれらの神の証明は、それが具体的な世界現象を通って、無と非完結性の前に人を導いていくものであればあるだけ、それだけにいっそう印象深くなるのであります。かくしてそれは、いわば、私たちはたった一つの存在としての世界内において、この世界には満足しないのだということを表明する衝動を、私たちに与えるのであります。

かくて神はけっして知の対象ではない、神は強制的に推論せられない、ということがたえず明らかになるのであります。そればかりでなく、神は感覚的経験の対象ではありません。神は不可視的であります。それは目に見ることのできないものであって、ただ信仰せられるだけであります。

それではこの信仰はどこからくるのでしょうか。それは根源的には世界経験の限界から出てくるのではなくて、人間の自由から出てくるのであります。自己の自由を本当に悟る人間が、同時に神を確認するのです。自由と神は不可分のものであります。なぜでしょうか。

私が自由である場合、私は私自身によって存在するのではなく、私は私に授けられているのであるということを、私は信じて疑わないのであります。なぜなら、私が私のものでないことがあり、また私は強制的に私を自由たらしめることはできないからであります。私が本当の意味で私自身である場合は、私は自分自身によってそうであるのではないということを疑わない。最高の自由は、世界から自由であることによって、同時に超越者ともっとも深く結合されていることとして自覚されるのであります。

人間が自由であることを、私たちは人間の実存とも呼びます。神は、私が実存する場合とるところの態度としての決定性をもって、私にとって確信されるのであります。神は知的内容として確実であるのではない。むしろ神は実存にとって顕《あらわ》であることとして確実なのであります。

自由の確認がそれ自身のうちに神の存在の確認を含んでいるとするならば、自由の否定と神の否定との間にも一種の関係が存在することになるでしょう。もし私が自己存在の驚きを経験しないならば、私には神と関係する必要がなく、むしろ自然や多くの神々や悪魔などの存在に満足できるのであります。

さらに他面において、神なき自由の主張と人間の神化との間に一種の関係が成立します。《私が意志する》という、誤った絶対的な独立性と解せられるものは、恣意《しい》の仮象的自由であります。私は《それが私独自の意志なのだ》といわれるところの自己自身の力に頼《たよ》ったり、傲慢《ごうまん》な「死ぬことができる」という能力に頼ったりします。しかし私は自分独《ひと》りの力によって私自身であるのだというこの自己錯覚は、自由な空虚な存在としての孤立無援の状態へ反転させるものです。我意を貫こうという粗暴な態度は反転して絶望となるのです。このような絶望においては、キルケゴールが挙げたこと、すなわち絶望的に自分自身であらんとすることと絶望的に自分自身であることを放棄することとは一致するのであります。

私が自由において本当に私自身となる程度に応じて、神は私にとって存在するのであります。神はまさしく知的内容として存在するのでなくて、実存にとって啓示されることとしてのみ存在するのであります。

さてしかし、自由としての私たちの実存の開明によって、ふたたび神の存在が証明されるというのではなくて、それによっていわば、神の確認が可能である場所が示されるにすぎないのであります。

もし神の思想がいなむことのできぬ確認をもたらすべきだとするならば、この思想はどんな神の証明によっても、その目的を達することはできないのであります。しかしこの思想の挫折《ざせつ》は、全然あとに何ものものこさないわけではないのです。それは、汲みつくすことのできない、常に問うところの包括的な意識として出現するところのものを指示するのであります。

神についての知と自由　神は世界内においてはけっして把握《はあく》できるものとならないということは、同時に人間は世界内において現われる把捉《はそく》されるものや、権威や、暴力などのために、自己の自由を手離してはならないということ、むしろ人間は自己自身に対して責任をもっているのであって、彼はいわゆる自由からして、自由を放棄することによって、この責任を逃《のが》れることは許されない、ということを意味するのであります。人間は、自分が決断し、道を見いだすということを、自分自身に負わねばならないのであります。だからカントは、究明すべからざる叡知《えいち》は、それが我々に与えるものに関しても、またそれが我々に対して拒否するものに関しても、等しく敬慕に価《あたい》するものであろう、と申しております。なぜかと申しますと、このような叡知が常におごそかに私たちの眼前に立ち、この世界における強制的な権威として、一義的に語るとするならば、私たちはその意志の傀儡《かいらい》となるであろうからであります。ところが叡知は私たちが自由であることを欲したのであります。

三つの原則による神の証明　到達することのできない神の知のかわりに、私たちは哲学することによって包括的な神の意識を確認します。

《神が存在する》というこの命題において、この命題が指示する現実性は決定的であります。この現実性はこの命題を思惟《しい》することによっては、すでにとらえられなかったものです。それが単に考えられるだけでは、それはむしろ空虚になるのです。なぜなら、悟性と感覚的経験にとってはこの命題のうちに存するものは無であるからです。この命題において本来的に意味せられているものは、超越することにおいて、すなわち実在そのものを通ってこの実在を越え出ることにおいて、はじめて本来の現実性として感得されうるものであります。それゆえ、私たちが本来の現実性を、換言しますと、神を確認するときが、私たちの生が最高潮に達したときであり、私たちの生の意義なのであります。

このような現実性は、根源的に神と関係することによって、実存にとって得られるものであります。ですから、神の信仰の根源性はあらゆる媒介者を拒否します。神の信仰はすでに実際において、何らか規定的な、すべての人に対して言表可能な信仰内容の中にも存しなければ、すべての人にとって同様な、神を媒介する歴史的現実のうちにも存しないのです。むしろそのつどの歴史性のうちに、個人と神との直接的な、何らの媒介を必要としない、独自の関係が生ずるのであります。

この歴史性は、言表可能となり、叙述可能となった場合、このような形態においては、すべての人にとって絶対的な真理ではありません。しかしその根源では、無条件的に真なのであります。

神が現実的であるかぎり、神は絶対的に存在しなければなりません。しかもそれは単に神の言葉の歴史的現象のある一つのものや、人間の言葉などのうちに存するのではありません。したがって、神が存在するかぎり、神は回り道しないで直接に、個人としての人間にとって感得されねばならないのです。

神の現実性と歴史的な神との関係の直接性が、普遍妥当的な神の認識を排除するものであるかぎり、要求せられるものは、認識ではなくて神に対する態度であります。これまで神は、人間の類推に従って、人格の形態をも含めた世界存在の形態において考えられているのであります。けれどもこれらの表象は、いずれも同時にさながらヴェールのようなものであります。私たちがどんなに眼前にとらえようとしても、神は現われないのであります。

神に対する私たちの真の態度は、聖書に出ているつぎのような言葉のうちに、そのもっとも深い表現を見いだしているのであります。汝おのれのためにいかなる神の像をも作るべからず。(三) この言葉は何としても、神の不可視性は神像や偶像や彫刻などとして神を拝むことを禁ずるものであることを、さしていったのであります。この平易な禁令を深めると、神は単に不可視的であるばかりでなく、表象することも、考えることも、不可能であるということになるのです。どんな譬喩《ひゆ》も神と等しいものであることはできず、神にかわるものであることはできません。純粋の譬喩はすべて神話であります。それはそのものとしては、単なる譬喩がもつ一時的な性格において意味がありますが、もしそれが神自身の現実だと見なされるならば、それは迷信なのであります。

ものの直観はすべて、ものを形象として示そうとすると、かえってそれを隠すからして、もっとも決定的な神への接近は、無形象性において可能なのであります。しかしながら、旧約聖書のこの正しい要求は、旧約聖書そのものにおいてすら満たされていないのであります。と申しますのは、そこには神の人格性が形象として、すなわち神の怒りや、愛や、裁きや、恩寵《おんちょう》として残っているからであります。すなわち旧約聖書の要求は満たされえないのであります。超人格性、これが神の純粋な現実態なのでありますが、それはなるほどとらえられえないものではありますが、パルメニデースやプラトーンの思弁的な存在思惟《しい》によって、さらにインドのアートマン＝ブラフマンの思惟(四)や中国の道教によって、非形象的にとらえる試みがなされてはいます。しかしこれらすべての思想もなお、それらが欲するところのものを完全に実現することに成功していないのであります。人間の思惟能力と直観能力には、たえず形象が立ち現われるものであります。しかし哲学的思想において、直観と対象がほとんど消失するとき、おそらく究極においてあるきわめてかすかな意識が残存するでしょう。そしてこの意識こそはかすかであっても、それが活動するならば、生を創造するものたりうるのであります。

こうしてあらゆる自然神化、あらゆる単なる悪霊《あくりよう》的なもの、あらゆる感能的なもの、迷信的なもの、理性の媒介によるあらゆる特殊な実体的なもの、これらいっさいを解き明したあとにおいてもなお、もっとも深い秘密は失われていないのであります。「哲学すること」の究極において残るところのあのかすかな意識は、おそらく私たちがその周囲を回るだけで、直接それをとらえることのできぬものでありましょう。それは存在の前における沈黙であります。対象となるかぎり、私たちから失われゆくところのものの前で、言葉が停止するのであります。

この根拠は、あらゆる思惟されたものを越えることによってのみ、到達されるものであります。この根拠それ自らは越えることのできないものであります。この根拠の前では、あらゆる欲求は自制し、消失します。

そこには逃避はあるが、場所はない。そこには、この世における私たちの道の取除くことのできない不安において、私たちをささえることのできる安心が存するのであります。

そこでは思惟は明るさの中へ溶けこまねばならない。もはや問いのないところには、答えもない。「哲学すること」においてとことんまで駆り立てられるところの問いと答えを越えることにおいて、私たちは存在の静けさに到達するのであります。

第二の聖書の言葉はつぎのものであります。

汝我のほか何ものをも神とすべからず。(五) この命令は最初は異邦の神々を排斥することを意味したのであります。しかしこの命令は、いっそう深められて、ただ一つの神のみ存す、という単純で解くことのできない思想となったのであります。一つの、ただ一つの神を信ずる人間の生活は、多くの神々をもつ生活に比べると、あるまったく新しい地盤へおかれているのです。一なるものへの集中は実存の決断に対して、はじめてその本当の根拠を与えるものであります。限りなき豊かさは究極において放散します。華々《はなばな》しいものは、もし一なるものとしての根拠を欠くならば、無制約性を欠くこととなる。自己の生活の根拠として一なるものを獲得するかどうかということは、数千年前にあっても現在にあっても同様に、人間の永久不変の問題なのであります。

聖書の第三の言葉はつぎのものであります。

汝の心にあることをなせ。(六) 神に対するこの根本的態度は、不可解なものは、理解可能なものよりも以下にあるのではなくて、その上にあるのだということを信じて、この不可解なものの前にひざまずくことをいうのであります。『わが思いは汝《なんじ》らの思いと異なり、わが道は汝らの道と異なれり(七)』。

この根本的態度における信頼は、包括的な感謝の念と、無言にして同時に非個人的な愛を可能ならしめるのであります。

人間は隠された神としての神性の前に立っているのであります。そしてもっとも驚くべきことでも、それをこの神の思召《おぼしめ》しとして引受けることができるのであります。しかしよしんば人間がこの神の思召しを規定的な仕方で言表しようとも、それはすでに人間的解釈において言表されているものであり、したがって誤りであることを、十分に知っているのであります。

総括して申しますと、神性に対する私たちの関係は《いかなる神像も作らず》——《一なる神》という要求のもとにおいて——《汝の心にあることをなせ》という帰依《きえ》において、可能なのであります。

信仰と観照　神について考えることは、信仰を開明することに他ならないのであります。しかし信仰は観照ではありません。信仰は常に隔てられ、そして疑問のうちにおかれています。信仰によって生きることは、計ることのできる知に依存することをいうのでなくて、神が存在するということを当てにして生きることをいうのであります。

神を信仰するということは、私たちが超越者の暗号とか象徴とか名づけるところの現象の多義的な言語として存在する以外には、いかなる仕方においても、この世界内において存在しないようなあるものによって、生きることをいうのであります。

信仰せられる神は、遠い神、隠れた神、証明不可能な神であります。

したがって、私は単に、私は神について知らないということを認識しなければならないだけでなく、私は信じているかどうかも知らないということを認識せねばならないのです。信仰は所有物ではない。信仰のうちにはけっして知の確実性は存在しません。むしろ生活の実践のうちに確認が存在するだけなのであります。

それゆえ、信仰者は永久に客観的なものの多義性に包まれ、たえず聴く準備をしながら生きているのであります。彼は聴くことのできるものへ帰依することにおいて弱々しくはあるが、それと同時に、迷いもないのであります。彼は弱さの外衣をまとってはいるが強く、彼の現実的な生活が決定的であるにもかかわらず、彼は開放されています。

神について考えることは同時に、あらゆる本質的な「哲学すること」の一つの例であります。すなわち本来の「哲学すること」は知の確実さをもたらさないで、本来の自己存在にそれの決断の自由な空間をもたらすのであります。それはこの世界内における愛や、超越者の暗号文字の解読や、理性のうちにひらけゆくものの広さなどに、もっとも重点をおくのです。

ですから哲学的に語られた言葉はすべて、非常に簡略であります。それというのは、哲学的な言葉は、聴く者自身の存在によって補われることを要求するからであります。哲学は与えない。それは単に覚醒《かくせい》さすことができるだけです――かくてそれは（本来の存在を）想起したり、確かめたり、確保したりすることを助けることができるのであります。

人は誰でも哲学において、彼が本来すでに知っていたものを理解するのであります。

第五講 無制約的な要求

「死ぬことができるということ」の歴史的な例

愛や、闘争や、高遠な使命を選びとることなどにおいて、無制約的な行為が生れます。しかし無制約的なものの特徴は、行為が基づくところのものは、それに比べると、生は全体的に制約されていて、究極的なものではないようなあるものであるということです。

無制約的なものの実現によって、現存在はいわば理念・愛・忠誠の質料となるのであります。それは永遠的な意味の中へ取入れられて、いわば自己が無に化し、しかも単なる生の恣意《しい》に放任せられることがないのであります。限界において、すなわち例外的状況において、はじめて、無制約的なものによる献身は、あえて現存在の喪失となることもあり、不可避的な死を引受けることもできるようになるのであります。ところが制約的なものは、はじめにおいても、どんなときでもまたどんなことをしても、現存在にとどまって、生きようとするのであります。

人びとは、たとえば、この世における共同生活のための連帯の戦いにおいて、自分の生命を賭《と》したのであります。連帯責任は、それによって制約された生活にとって無制約的なものであったのです。

このことは元来相互信頼である共同体において行われたことなのでありますが、それだけでなく、今度は、信仰的な権威の天下り的な命令のもとでも行われたのです。その結果このような権威に対する信仰が無制約的なものの源泉となるようになったのです。このような信仰は人を不確実さから救い、自己吟味を怠らせます。しかしこのような形態の無制約的なもののうちには、一種のひそかな制約的なものが隠れていたのです。すなわち権威の作用が隠れていたのです。ところで信仰者は彼の従順さによって生きようとしました。ところが権威がもはや権力としての作用を失い、それとともに、この権威に対する信仰もまた崩壊したとき、破壊的な虚無が発生したのです。

そこでこのような虚無からの救いは、いまや、本来の存在であり、自己の決断の根拠であるものを自由によって獲得するという、個人としての人間それ自身への要求以外にはありえないのです。

このような道がとられたのは、歴史的には、個々人がある無制約的な要求に従うということによって、彼らが彼らの生命を賭したときであります。すなわち彼らが忠誠を守ったのは、背信があらゆるものを破壊し、救われた生命が背信によって毒せられるようになるときであり、この永遠的存在の裏切りが、これまでの現存在を不幸ならしめようとするときであります。

このもっとも純粋な人物はおそらくソークラテースでありましょう。明晰《めいせき》な理性のうちに、無知の包括者から生きることによって、彼は憤怒《ふんぬ》や憎悪《ぞうお》や独善などの激情によって妨げられることなく、自己の道を歩んで迷うところがなかったのです。彼はけっして自己を譲らず、逃亡の機会をとらえずに明るい気持で死ぬことによって、自己の信仰に邁進《まいしん》したのであります。

トマス・モア㈡のように、自分の信仰に対する忠実さにおいてもっとも純粋な道徳的なエネルギーをもった殉教者が存在しておりました。しかしその他の者は多くは疑わしいのであります。あることを立証する目的でもって、そのために死ぬことは、死ぬことの中へある目的性を、したがって不純さを混入することとなります。たとえば、キリストの後継者と自称する人たちにおいてみられるように、殉教者がしばしばヒステリックな現象でもって魂を盲目にするような死の衝動に駆られた場合、不純性が生れたのであります。哲学的な人間にして、この世における宗教団体に決定的に所属することなくして、神の前にただ独《ひと》りで立って、「哲学すること」は死を学ぶことであるという命題を実現した人はまれであります。永い年月の間死の判決を待っていたセネカ（二）は、助かるための賢明な努力を克服したのであります。そしてその結果、ネロが彼の死を要求したとき、おわりに彼は不名誉な行為によって自己を放棄することもなければ、取乱すこともなかったのであります。ボエーティウス（三）は罪なくして、ひとりの野蛮人によって下された死の運命に従ったのであります。すなわち彼は明徹した意識をもって哲学しながら、本来の存在に帰向したのであります。ブルーノ（四）は自己の狐《こ》疑逡巡《ぎしゅんじゅん》と生半可《なまはんか》な譲歩を克服して、確固不動の、目的にとらわれない不退転の態度を持するという気高い決断に従って、ついに火刑に処せられたのであります。

　セネカ、ボエーティウス、ブルーノなども、私たちと同様に、弱く、そして無力な人間であるのです。しかし彼らはようやく自己自身を克服したのであります。それだからこそ、彼らは私たちにとって本当の道しるべでもあるわけなのです。と申しますのは、聖人というものは、薄明のうちにおいてのみ、あるいは神話的観念の非現実的な光のうちにおいてのみ、私たちにとって自己を保ちうるが、現実主義的な目には、はっきりと映らないような形態であります。人間としての人間にとって可能であった無制約性は、私たちに本当の勇気を与えるものであるが、夢想的なものは役に立たない信仰心を起させるだけであります。

無制約的な要求

私たちは「死ぬことができるということ」について、いくつかの歴史的な例証を回想したのであります。そこで今度は、無制約的な要求の本質を明らかにしてみましょう。

私は何をなすべきか、という問いに対して、私は有限的な目的とその手段の課題を通じて答えを受取るでありましょう。人間は食わねばならない。そのためには働くことが要求せられます。私は人びととともに共同体のうちで生計を立てていかねばならない。処世術の法則が私を教えてくれます。どんな場合でも、目的はこの目的のための手段の使用についてそれを制約するものであります。

しかし目的は何ゆえに主張せられるのかという根拠は、無疑問的な現存在的関心、すなわち効用である場合と、他者の『我かく欲す』という命令によって従うか、あるいは『かく書かれている』ということに従うか、ともかくも、私が服従しなければならないところの権威が、この要求の根拠である場合との、このいずれかであります。しかし一方においては、現存在そのものはけっして究極目的ではありません。それというのは、どんな種類の現存在なのか、という問いや、あるいは、何のために、という問いが、この場合永久に消えないからです。また他方においては、右に述べたような権威はまだ問われていないものであり、したがってまだ吟味されていないものであります。

これらの要求はすべて制約されています。なぜなら、それらは他者に、すなわち現存在的目的や権威に、私を依存させるからであります。それに反して無制約的な要求は、その根拠を私自身のうちにもっているのです。制約的な要求は、私が外面的に固執することができるところのそのつどの規定的なものとして、私に対して現われるものであります。無制約的な要求は、私自身のうちにあって、単に私自身ではないところのものが、私を内面的にささえることによって、私の内から発するものであります。

無制約的な要求は、私の単なる現存在に対する私の本来的な自己の要求として、私に迫ってくるものであります。私は、私自身であるべきであるという理由によって、私自身であるところのものとして、自分を悟ります。この悟りは最初ははっきりしませんが、私の無制約な行動の終極において明晰になります。悟りが無制約的なものにおいて行われるならば、存在意義が確認されるということによって、問うことが停止します——たとえ時間的に間もなく問うことがふたたび発生し、そして変化した状況のもとにおいて、確認がたえず新しく獲得されねばならないとしても、そうなのであります。

この無制約的なものは、目的を設定するものとしてあらゆる目的に、先立っています。それゆえ、無制約的なものは要求せられるものではなくて、それから要求が生れるところのものなのであります。行為の根拠としての無制約的なものは、したがって、認識に関する事柄ではなくて、信仰内容なのであります。私が私の行為の根拠や目的を認識するかぎり、私は有限的なものや制約的なもののうちにとどまっているのです。私がもはや対象的に基礎づけることのできぬものによって生きるかぎり、私は無制約的なものによって生きているのであります。

無制約的なものの性格の概括　私たちは無制約者の意義を、その性格を特徴づける二、三の命題によって概括してみましょう。

第一——無制約性は「在《あ》るがままに在ること」(Sosein) ではなくて、反省を通じて不可解な深みから明らかになってくるような決断であって、私自身はこのような決断と同一的なのであります。それではこのことはいかなることを意味するのでしょうか。

無制約性は永遠者、すなわち存在、への参与を意味します。したがって無制約性から絶対的な信頼と忠誠が発生します。それは自然的なものでなくして、あの決断によるものであります。そして決断は、反省によって生ずる明晰性によってのみ存在します。心理学的に表現すると、無制約性はある人の刹那《せつな》的な状態のうちには存しません。この「在るがままに在ること」は、その刹那的な活動が圧倒的なエネルギーをもつにもかかわらず、突然麻痺《まひ》状態に陥ります。また忘却されたり、信頼されなかったりします。無制約性はまた、生れつきの性格のうちにも存しません。と申しますのは、この生れつきの性格というものは、再生によって変化することがあるからです。無制約性は、そればかりでなく、私たちが神話的な意味で人間の魔霊と呼ぶようなもののうちにも存しません。なぜならこのようなものには、忠誠さというものが欠けているからであります。あらゆる種類の激情・現存在的意志・自己主張等は、非常に強大であったとしても、どんなときでも無制約的ではなくて、制約的であり、したがってはかないものなのであります。

そうでありますからして、無制約性は、反省を通じて到達された実存の決断において、はじめて存在するのであります。換言しますと、無制約的なものは「在るがままに在ること」から生れるのでなくして、自由から生れるものです。ただし、自然法則性によってではなく、その超越的な根拠からして、絶対的にそれ以外のものではありえぬところの自由から生れるのであります。

無制約的なものは、ある人間の生活が最後に安んじてよりどころとするものが何であるかを、またそれが重要であるか、無価値であるかを、決定するものであります。無制約的なものは隠されていて、ただ私たちが行きづまった場合にだけ、それは沈黙の決断によって人生の道を教えてくれます。そしてけっして端的に証明されはしないが、実際において実存による生活を常にささえ、かくしてそれは無限に開明可能なのであります。

高くそびえ立つ樹木は、その根を地中深くにおろしているのと同じように、本当に人間であるところの者は、無制約的なものの地中深くにその根をおろしているのです。ところが制約的なものは、引抜かれたり、植えかえられたりし、また平等にせられて、群をなして生存を維持するところの灌木《かんぼく》の叢《くさむら》のようなものです。しかし無制約的なものにおける根拠が、上昇によってとらえられるのでなくして、ある他の次元への飛躍によってとらえられるかぎり、この譬喩《ひゆ》は適切ではないのであります。

第二――無制約的なものの性格を特徴づける第二の命題は、無制約性は、これを実現する信仰のうちにのみ、またこれを見る信仰にとってのみ、現実的に存在する、ということであります。

無制約的なものは世界内の現存在として立証されたり、示されたりすることはありえません。――歴史的な表示は単なる暗示にすぎないのであります。私たちが知るものは常に制約的なものです。私たちを無制約的なものとして充実させているものは、立証可能なものに即して申しますと、現存しないかのようであります。立証されうるような無制約的なものは、それ自体としては、強大な暴力・狂信・野蛮あるいは狂気であります。本当の意味における無制約性というものが存在するかどうか、という疑問に対しては、この世界の中においては、懐疑論的な論法が一般的な説得力をもっています。

たとえば、永遠的な根拠のうちに根ざし、そして単なる人間的傾向や感動でもなければ、習慣や契約遵奉《じゅんぽう》でもないような、無制約的なものの意味における愛が存在するかどうか、ということは疑問であります。愛の闘争としての本来の交わりというものが可能であるかどうか、という問いは否定されます。表示されうるものは、それゆえにこそ無制約ではないのであります。

第三――第三の命題は、無制約的なものは、時間のうちにあって無時間的であるということです。

人間の無制約性は人間に彼の現存在と同じようには与えられていません。それは時間的に成長するものであります。人間の内面において克服が行われ、そして無制約的な決断が確固不動のものとなったところまで道が歩まれるとき、はじめて無制約的なものが無制約的なものとなるのです。それに反して、最初から存立している決定性や魂の抽象的な不動性や単なる永続的なものなどによっては、無制約的であるという点において信じるに足る人間というものは、感得せられえないのであります。

無制約性は、限界状況の経験と、不忠実になるという危険状態とにおいて、時間的に顕《あらわ》になるのであります。

しかし無制約的なものそれ自身は、時間的になるということは断じてないのです。それが存在する場合、同時にそれは時間と交差しています。それが獲得せられたとき、それは常に繰返される再生によるかのように、あらゆる新しい瞬間において本質の永遠性として根源的であります。それゆえ時間的な発展によって、あるものが所有せられたように思われる場合でも、なおあらゆるものが一瞬にして裏切られることがありますし、またそれと反対に、過去が人間に果てしない制約のもとにある単なる現存在としての重荷を背負わせて、彼を滅亡させるかのように思われる場合でも、なお人間は無制約的なものを突然覚知することによって、あらゆる瞬間において、いわば、最初から始めることがあるのであります。

善と悪　無制約性の意味は上述のような説明によって概括せられるのでありますが、しかしその内容はとらえられません。この内容は善と悪との対立によってはじめて明瞭《めいりよう》になるのであります。

無制約的なものにおいて一つの選択が行われているのであります。決断は人間の実体となったのです。人間は、彼が善と悪との決定において善と解したものを選んだのであります。

善と悪は三つの段階に区別せられます。

第一、――この段階においては、傾向や感能的な衝動、この世の快楽や幸福、ありのままの現存在、などへ直接に無制限に耽溺《たんでき》することは悪と見なされます。簡単に申しますと、制約的なもののうちに縛られており、したがって動物の生活のように、単にその日を送っていくにすぎず、気分的にお天気次第で、変化動揺の不安状態にあって、決定せられないような人間生活は悪であります。

それに反して、あの現存在的幸福を非難こそしないが、それを道徳的価値の制約のもとにおくところの生活は善であります。この道徳的価値は道徳的に正しい行為の普遍的法則と解されます。このような価値は無制約的なものであります。

第二、――傾向に従う単なる弱さに対して、カントが理解したような、善が私に何らの損害ももたらしもしなければ、あまりに多くの負担をかけすぎもしないというかぎりにおいてのみ、私は善を行うこと、抽象的に申しますと、道徳的な要求としての無制約的なものが要求はせられるが、善が感能的な幸福の欲求を故障なく満足させるという条件のもとにおいて可能であるかぎりにおいてのみ、善の法則に従順に従うということ、このような本末転倒が、この段階においてはじめて本来的な悪と見なされるのであります。すなわちこの場合私が善であろうとするのは、このような条件のもとにおいてであって、無制約的にそうするのではないのであります。この仮象善は、いわば善であることが私に実行できるような幸福な状態にあるという一種の贅沢《ぜいたく》なのでありましょう。道徳的要求と私の現存在的関心との間に闘争が生ずる場合、私はこの現存在的関心のほうが大なることがあるに従って、おそらくは知らず識《し》らずに、あらゆる恥ずべき行為をなしかねないのであります。自分自身が死なないために、私は殺人の命令に従うのです。私が闘争から免れている場合、私は恵まれた状態におかれているわけですが、このような恩恵によって、私は自分の悪であることについて盲目となるのであります。

それに反して、無制約的なものを現存在的幸福の諸条件のもとに服従させることにおいて成り立つところの制約関係のこのような本末転倒から脱却して、無制約者へ復帰することが善なのであります。それは動機の不純性によって生ずるたえざる自己欺《ぎ》瞞《まん》から、無制約者の誠実さへ変ることであります。

第三——この段階においては、悪への意志が、換言しますと、破壊それ自体への意志、人を苦しめることや残忍性への意志、滅亡さすことへの意志、存在するものや価値のあるもののすべてを破壊する虚無主義的意志などが、はじめて悪と見なされるのであります。

それに反して、愛であり、したがって真実性への意志であるところの無制約的なものが善なのであります。

この三つの段階を比較してみましょう。

第一の段階においては、善と悪との関係は適法的《モラーリッシ》な関係であります。すなわちここでは、倫理的な法則に従うという意志による直接の衝動が支配しているのであります。カントの言葉をもってすると、傾向と義務とが対立する立場であります。

第二の段階においては、関係は道徳的《エーティッシ》であります。すなわち動機の真実さであります。この立場は、実際においては無制約的なものが制約的なものに依存するという制約関係の本末転倒における不純性と、無制約的なものの純粋性とが対立する立場であります。

第三の段階においては、関係は形而上学的《けいじじょうがく》であります。すなわち動機の本質であります。ここは愛と憎しみとが対立する立場です。愛は存在を望み、憎しみは非存在を望む。愛は超越者との関係から生れ、憎しみは超越者からの離脱における自己主義へと没落する。愛はこの世における静かな建設として活動し、憎しみは存在を抹消《まっしょう》して現存在たらしめるところの、そして現存在そのものをも破壊するところの、鳴り物入りの破局として活動するのであります。

いずれの場合にあっても、二者択一が、したがって決断の要求が、現われております。人間は、本質的になるかぎりにおいてのみ、これかあれかを欲することができます。彼は傾向を追うか、義務を追うかのどちらかです。彼は本末を転倒するか、自己の動機の純粋性を守るかのどちらかです。彼は憎しみによって生きるか、愛によって生きるかのどちらかです。しかしこの決断を彼は放棄することができます。私たちは、決断するかわりに、生涯をふらふらとすごしていって、これとあれを結合し、そしてこのことを必然的矛盾として承認したりさえするのです。この非決断性はすでに悪なのであります。人間は、善と悪とを区別するとき、はじめて目ざめたのであります。彼は、自分の行動において彼が目ざすところが決定されるとき、自己自身となるのです。私たちはすべて、非決断性のうちから自己を常に新たに取戻さねばならないのです。私たちは自己を善なるものとして完成するには、ほとんど無力であります。したがって、現存在において私たちの心を奪う傾向の力でさえも、義務を明らかにするためには必要であるし、もし私たちが本当に愛するならば、まさにそれゆえにこそ、愛するものを脅《おび》やかすところのものを憎まざるをえないし、またもし私たちが自分の動機を確かに純粋だと考えるならば、まさにそれゆえにこそ、不純性の本末転倒に陥るのであります。

三つの段階のいずれにおいても、決断がそれ独自の性格をもっております。適法的には人間は自己の決断を論理的に正しいものとして基礎づけしようと考えます。道徳的には、人間は自己の善意志の再生によって、かの転倒からふたたび自己を取戻します。形而上学的には、人間は彼の「愛することができる」ということにおいて「自己が自己に授けられている」(sich selbst geschenkt sein)ということを意識するようになります。彼は正しいものを選び、彼の活動根拠において真実となり、愛によって生きるのです。この三様のものの統一によって、はじめて無制約的なものの実現が生まれるのであります。

愛によって生きることは、他の段階をすべて包含するように思われます。本当の愛は同時にこの愛の行為の倫理的真理性を保証します。それゆえアウグスティーヌスは、愛せよ、しかして汝《なんじ》が欲するところをなせ、と言ったのであります。しかしおよそにしても愛——この第三段階の力——によってのみ生きることは、私たち人間にとっては不可能であります。と申しますのは、私たちはたえず横道にそれたり、錯誤に陥ったりするものだからであります。したがって私たちは盲目的に、またどんなときにでも、自分の愛に頼《たよ》ることは許されません。むしろ私たちはそれを開明しなければならないのであります。またしたがって、私たち有限的存在者にとってさらに不可避なことは、自分の情熱を統御するための自制の訓練であり、自分の動機が不純であることがあるという理由からして、自分自身を信用しないということであります。私たちが確信をもつときこそ、私たちが迷誤に陥るときなのであります。

善の無制約性にしてはじめて、単なる義務を内容をもって充《み》たし、倫理的動機を浄化して純粋にすることができ、憎しみの破壊的意志を解消することができるのであります。

しかし無制約的なものがその基礎をおいているところの愛の根拠は、本来の現実への意志と一つであります。私は私が愛するものについて、それが存在することを欲します。そして本来的であるものは、それを愛することなくしてそれを見ることは、私にはできないものなのであります。

第六講　人　　間

研究可能性と自由　人間とは何であるか。人間は身体として生理学によって研究され、精神として心理学によって研究され、共同体的存在者として社会学によって研究されます。私たちは人間を自然として知るのであります。この場合、この自然を私たちは人間以外の生物の自然のように認識するのです。また私たちは人間を歴史として知るのであります。この場合私たちは、伝説を批判的に純化することによって、かつてなされた人間の行為と思惟《しい》のうちに存する意味を理解することによって、いろいろな事件をその動機や状況や自然的現実から説明することによって、この歴史を知るのであります。私たちの人間研究はいろいろな知識を生んだのでありますが、しかしそれは全体としての人間についての知識ではなかったのであります。

人間について知りえられる事柄によって、人間一般を余すところなく理解しつくすことができるかどうかということは問題であります。あるいはまた人間はそれ以上の何ものかであるのかどうか、すなわち人間は、あらゆる対象的認識とはならないが、しかしそれにもかかわらず、逃《のが》れることのできない可能性として顕《あらわ》であるところの自由なのであるかどうか、ということは問題であります。

実際において人間は二様の様態において——研究対象として、ならびにあらゆる研究によって知られない自由の実存として、——とらえられるものであります。前者の場合にあって私たちが問題とするものは、対象としての人間であり、後者の場合にあっては、人間であると同時に、この人間が自己を本来的に自覚する場合、覚知されるところの非対象的なものであります。私たちは、人間とは何であるかということを、人間について「知られていること」において尽すことはできないので、むしろ私たちの思惟と行為の根源において経験することができるだけであります。人間は原則的に、人間が自分について知ることのできるものよりもより以上のものであります。

私たちが自分に対していろいろな要求をもつことを認めるかぎり、私たちは私たちの自由を自覚しているのです。私たちが自分に対する要求を満たすか、それとも回避するかどうかは、私たちに関する事柄であります。私たちがあることを決定し、したがってまた自分自身について決定するという事実、また私たちが責任をもっているという事実、このような事実について私たちは真面目《まじめ》くさって論争することはできないのであります。

いくらかでもこの事実を拒否しようとする者は、他人に対しても何らの要求もすることもできぬということは理の当然であります。ある被告が法廷で自分はこのように生れついているので、他にどうしようもなかった、だから責任はないのだ、といって自分の無罪の理由を申立てたとき、裁判官はにこにこしながらつぎのように答えたのであります。被告の言うことは、もっともである。しかしそれは被告を罰する裁判官の行為の解釈についても同じことがいえるのだ。すなわち自分は裁判官として生れついているのである。したがって定められた法律に従って必然的に行動しなければならないのだから、裁判官もまた他にどうしようもないのだ。

自由と超越者

もし私たちが自分の自由を確認するならば、すぐに私たちの自己解釈への第二の歩みがなされるのであります。それは、人間は神と関係するものであるということであります。それはどういう意味なのでありましょうか。

私たちは自分自身で自分を創造したのではありません。人は誰でも自分について、自分が存在しないということがありえただろう、と考えることができる。このことは動物と共通した事柄であります。しかしそれ以外に、私たちは自分の自由において存在するのです。この場合、私たちは自分からものを決定して、自然法則に自動的に服従するのではありません。また私たちは自分自身によって存在するのではなくて、むしろ私たちは自分の自由において自分に授けられるのです。もし私たちが愛せず、私たちが何をなすべきかということを知らないならば、私たちは自分の自由を強要することはできません。もし私たちが自由に決定し、私たちの生命を意味深いものとしてとらえるならば、私たちは、自分の存在が自分自身に負うているのではないということを自覚するでありましょう。自由の絶頂においては、私たちの行為は必然的であるように思われるのです。しかしそれは自然法則によって不可避的に生起するという外的強制によってそうなのではなく、むしろ他に欲しようがないというような仕方で意欲する人の内的な承認としてそうなのです。ところでこのような意味における自由の絶頂においては、私たちは、自分が自由であるということにおいて、超越者から私たちに授けられているという意識をもつのです。かく人間が本当の意味で自由であればあるだけ、それだけ彼にとって神の存在が確実となるのであります。私が本当の意味で自由である場合、私は私自身によって自由であるのではないということを、私は確認するのです。

私たち人間はけっして自分に満足することはないのであります。私たちは自分を越えようと努力し、私たちの神の意識の深さとともに自ら成長します。そしてこの神の意識によって、同時に私たちの無意味さが、私たちに見透《みとお》せるようになるのであります。

人間が神と関係しているということは、自然に与えられた性質のものではありません。それはただ自由とともに存するものであるからして、おのおのの個人が単なる生命的現存在の主張から、自己自身への飛躍を遂行するとき、換言しますと、彼が本当の意味で世界から自由になって、はじめて世界に対して心をまったく開くようになるとき、また神に結びついて生きるがゆえに、世界に依存しなくてもよくなるとき、はじめて人間が神に関係させられているということが彼にわかってくるのです。神は、私が本当の意味で実存するに従って、私にとって存在するものであります。

中間での再確認　もう一度繰返して申しますと、人間は世界内における現存在としては認識のできる対象なのであります。たとえば人間は民族学においてはいろいろな特性において理解せられ、精神分析学においては無意識的なものおよびそれの作用として理解せられ、マルクス主義においては、生産によって自然支配と共同体を、しかもそれが自称するところによると完全な様態において、獲得するところの、労働を通じて生産する生物として理解せられるのであります。しかしこのような認識の方法はすべて、人間に関するあるものを、行為によって生起するあるものを、理解するが、しかしけっして人間全体を理解するものではないのであります。このような科学的理論は全体的人間についての絶対的認識にまで昇りゆこうとすることによって――またそれらはすべて実際にそういうことをやったのであるが――本来の人間を見失うものであり、またこれらの学説を信仰する者において、人間の意識を、究極において人間性そのものを――自由である人間存在と神との関連性を――消滅の限界にまで追いやるものであります。

人間に関する認識を追求することは、きわめて重要なことであり、またそれが科学的批判をもってなされるならば、効果のあることであります。かくすることによって私たちは、何を、いかにして、またいかなる範囲内において知るかということを、また可能的なものの全体に即してみると、私たちの知ることがいかに少ないか、そして本来の人間存在はこのような認識によってはどうしても到達せられぬものであるということを、方法的に知るからであります。さらにかくすることによって、人間の仮知によって人間を覆《おお》い隠すことにおいて生ずる危険が避けられるのであります。

導き　知の限界を知ることによって、それだけ明確に私たちは、自由が神に関係しているかぎり、私たちが私たちの自由のために、自由そのものによって見いだすところの導きを信頼するのであります。

人間はどこから導きを得るかということは、人間存在についての重大な問題であります。と申しますのは、人間の生活は動物の生活のように、世代の順に従って、自然法則的に同じように繰返されて過ぎゆくものではなくて、人間の自由は、人間存在の不安定性とともに同時に、人間がなお本来あり能《あた》うところのものとなるチャンスを、人間に開くものであるということは確かであるからであります。いわばある素材と自由に交渉するように、自分の現存在と自由に交渉することは、人間に与えられていることであります。そこではじめて人間は歴史をもつのです。換言しますと、人間は単に生物学的な遺伝によって生きているのではなくて、伝統によって生きているのです。人間の現存在は単に自然生起のように過ぎゆくのではありません。しかし人間の自由は導きを呼び求めるものであります。

導きが人間の暴力によって人間の上に課せられるということについては、ここでは論じないことにします。私たちが問題にしようとすることは、人間の究極的な導きということです。哲学的信仰のテーゼは、人間は神による導きにおいて生きる、ということであります。そこで私たちは、それはどういうことを意味するのであるかといううことを、明らかにせねばならないのであります。

私たちは無制約的なものにおいて、神による導きが感知されると信ずるのでありま す。それでは、神が無形なものであるならば、すなわち神がどんなにしても神それ自身として一義的に現存しないならば、そのことはいかにして可能であるのでしょうか。もし神が導くとするなら、人間は神の欲するところをどうして聴くのでしょうか。人間と神との出会いというものが存在するのでしょうか。もし存在するとしたら、それはいかにして行われるのでしょうか。

生涯のうちに起るいろいろな決定を要する問題に関して永い間疑い迷ったあとで、突然確信が生れるということは、いろいろな自叙伝の中で報告されています。このような確実性は途方に暮れるような動揺のあとに起ったところの行動能力の自由でありま す。しかし人間はこのような明晰《めいせき》な確実性において自由を決定的に知れば知るほど、それだけ人間存在の根拠である超越者もまた彼にとっていっそう明白になるのでありま す。

キルケゴールは日々自己反省を行なったが、それはつぎのような神の導きに関するものでありました。すなわち彼は自己反省によって、自分がたえず神の手の中にあることを知ったのであります。換言しますと、彼は自分が行なったこと、またこの世の中で自分が出会った事件を通して、神の声を聞き、しかもこの声が多義であることを知ったのであります。彼を導いたものは、把握《はあく》可能なまた一義的な命令としての導きではなくて、超越的な根拠において拘束されているという理由によって、決定されていることを自覚しているところの自由それ自身による導きなのであります。

超越者による導きは、この世界におけるあらゆる導きと異なったものであります。と申しますのは、神による導きにはたった一つの様式しか存在しないからであります。それは自由そのものを越えゆく途上において生ずるのであります。もし個々の人間の心が、伝統と環境のうちから彼に向ってくるところのいっさいのものに対して開かれているならば、彼にとって自己確認として現われるもののうちに、神の声が存するのであります。

人間は自分自身の行為についての自己の判断を媒介として導かれるのです。この判断は行為を阻止することもあれば促すこともあり、また訂正することもあれば是認することもあります。人間の行為についての判断としての神の声は、時間のうちにおいては、人間の感情や動機や行動についてのこの人間の判断としてより以外の表現をもちません。人間は、自由で正直に判断する自己認知や自己提訴や自己肯定として、間接的に神の判断を見いだすのですが、それはけっして一義的＝決定的なものではなくて、常に二義的なものであります。

したがってもし人間が、人間の判断のうちに神の声をそのままに一義的＝決定的に見いだすのだと思ったり、あるいはこのような判断によって自己自身に頼《たよ》ることができると思ったりするなら、人間の判断ははじめから誤っているのです。私たちは、自分の道徳的行為や自分のいわゆる独善などによる自己満足のうちにさえ、すでにひとりよがりの独断が存することを、仮借なく洞見《どうけん》しなければならないのであります。

実際において、人間はけっして全般的に、また決定的に自己自身に満足することはできないのであります。自己自身について下された判断において、人間は自己自身にだけ頼ることはできません。したがって彼は、必然的に自己の行為について彼の隣人の判断が下されることを要求します。その際彼は、彼について判断を下す当の人間の位階に対して敏感になるのであります。平凡な人間や大衆、常軌を逸した人びと、無責任な団体、などの言うことは、あまり彼を動かしません。もっともこれらの言に対しても無関心であるというわけではありません。しかしまた彼から見ると非常にえらい人物だと思われる人の判断もまた、たとえそれがこの世界において彼に得られる唯《ゆい》一《いつ》のものであるとしても、結局は決定的な判断ではないのであります。決定的なものはおそらく神の判断でありましょう。

自己自身について下された判断としての個人のまったくの独断というものは、実際においては、かつて現実に存在したことはほとんどないのであります。常に彼にとって他の人の判断が重要な役割をはたしているのであります。そこで、惑うところなく敢然として死地におもむくところの古代民族の英雄的な態度も、じつは他者を目当てにしているのであります。すなわち自分の名誉は不朽であるということが、死におもむくエッダー（二）の英雄たちの慰めであるのであります。

　共同体のうちにおいて支持されてもいなければ、死後の名誉を目当てにもしないところの本来の孤独な英雄主義は、これとは異なっています。この純粋な自立は、おそらくは、幸運に生れついた本質と自己自身との一致によって荷負《にな》われているものでありましょうし、またおそらくは無意識的に、想起される共同体としての歴史的に承《う》け継がれた実体によって生きるものでありましょう。しかしそれにもかかわらず、それは自己の意識にとっては、この世において確として頼るべき何ものをも見いださないのであります。しかしこのような英雄主義が無意義なものでないとするならば、それは本来的なものであるところのもののうちに存するところの、明瞭《めいりょう》にいうと、おそらく人間の判断ではなくて、神の判断であるところのもののうちに存するところの、ある深い結合を指示するものでありましょう。

普遍妥当的な要求と歴史的主張　導く判断の真理性が、もし自己確信を越えていく途上においてのみ現われるとするならば、それはつぎのような二つの形式においてであります——普遍妥当的な要求として、および歴史的主張として。

普遍妥当的な倫理的要求は自己の信念に対して確信をもっております。モーゼの十《じっ》誡《かい》以来、それは神の現われ方の一形式であります。この要求は、それを人間が自分自身のうちからなすことができるところのものへ厳重に制限することによって、神なくして承認され、服従されるものであります。しかし自由に理解された倫理的な命令に対する服従の真剣さは、まさにこの自由ということにおいて、超越者の言葉を聞くことと結びついているのが常であります。

しかしながら具体的な状況における行動は、普遍的な命令や禁令からは十分に導き出されないのであります。むしろ導きは「かくなさざるをえない」という直接の端的な要求によるものとして、歴史的にそのつど現われる状況のうちに存するのであります。しかしここで個人が、彼が行うべきこととして聴くと信ずるものは、いかに確実であっても、依然として疑わしいものなのであります。この神の導きの声を聴くことの本質のうちには、聴き誤りという迷誤がひそんでいます。したがってまたそのうちには謙遜《けんそん》が存しているのであります。この謙遜は確信における確実性を排し、自己の行為を万人に対する要求として普遍化することを禁じ、狂信を防ぐのであります。したがって神の導きのもとにおいて見られるような道のもっとも純粋な明晰さといえども、この道こそは万人にとって唯一の真の道であるというような自己確信となってはならないのであります。

と申しますのは、常にすべてのものがしだいしだいに異なったものとなって現われることがあるからです。明るいのに迷路に踏み迷うということがありうるのです。決断の確信においてさえ、それがこの世界のうちで現われるかぎり、依然として動揺せざるをえないのです。なぜならば、絶対に真理であるという誇りは、この世界におけ る真理にとっては、本当の意味で破壊的な危険だからであります。刹那《せつな》的な確信のうちに、たえず問う謙譲な心が欠けておってはならないのであります。

反省してみてはじめて、不可解な導きに当面して非常に驚くことがあります。しかしこのような場合でも、神の導きが一個の所有物とならないかぎり、確信は存しないのです。

心理学的に考えるならば、神の声は高潮した刹那においてのみ認知されうるのであります。私たちはこの刹那から、またこの刹那を目ざして、生きているのであります。

超越者との関係　もし人間は導きを超越者によって経験するとするならば、人間にとって超越者は現実に存在するのでしょうか。人間は超越者といかに関係するのでしょうか。

私たちの本質と超越者との関係は、直観を欠くという点で弱みがあるにもかかわらず、しかもいっさいのものを決定する重要なものであります。ところが私たちの世界内において生きる人間として、何らかの直観的なもののうちに自分の確信の支点を求めようと努力するのです。世界内においてせいぜい直観できるのは、人格と人格との交わりであります。したがって超越者との関係は——もし私たちがあえて不当なことをやってのけるならば——人格神との出会いにおいて直観的に顕《あらわ》になります。神性は、人格的存在という姿において私たちと関係させられ、それと同時に、私たちはこの神と語ることのできるあるものへ高められるのであります。

この世界においては、いろいろな力が私たちを支配して、私たちを地上にたたきつけるのであります。未来に対する恐怖、現在の所有物に対する不安な執着、いろいろな恐ろしい可能性に対する配慮などが、このような力なのであります。これらのものと戦うことによって、人間は死に直面しておそらく、非常事態や不可解な事態や無気味な事態にあっても、なお従容《しょうよう》として死につかしめるようなある信念を獲得することができるのであります。

存在の根拠に対する信頼は、目的から解放された思惟《しい》として、神の存在に対する信仰による安静として、表現されることができるのであります。人生において私たちの自由は、あたかもそこから私たちが救いを経験するものであるかのように思われるのであります。

多神教は神々と魔神をそれぞれ、味方と見、敵と見るのであります。《ある一人の神それをなせり》は、事件や自己自身の行為に対する意識であります。そしてこのような意識が、これらのものの価値を高めたり、これらのものを浄化したりします。しかしまたそれはこれらのものを、いろいろな生命的・精神的な現存在的可能性へ分裂させるのであります。

それに反して、本来の自己存在における神の救いは一者の救いであって、この自己存在はこの救いのうちにあるという点で、自己が徹底的に依存的であることを知るのです。神が存在するかぎり、けっして魔神は存在しないのであります。

この神の救いはしばしば一定の意味のうちへ閉ざされ、したがってそこなわれることがあります。不可視的な神との出会いとしての祈りが、もっとも静かな、黙して語らない思弁から横道へそれて、人格神の手を求める情念を経て、現存在的欲求の目的のために、この神を呼び求めるような場合がそれなのであります。
人生が透明になったところの人間にとっては、あらゆる可能性は――その中には不可避的な破滅の状況も含まれていますが――神から授けられているのであります。かくてそれぞれの状況はいずれも、そのうちに存在し、成長し、挫折《ざせつ》するところの人間の自由のための課題なのであります。しかしこの課題は内在的な幸福目的として十分に規定されうるものではなくて、むしろ超越者によって、すなわちこの唯一の現実性によって、また超越者において顕になる愛の無制約性によって、はじめて明瞭になるのであります。すなわち愛はその理性のうちから無限に開かれて、存在するものを見、世界の事象のうちに超越者の暗号を読むことができるのであります。

宗教家の要求と哲学　宗教家はおそらく、哲学することによって神と関係するところの個人の高慢な自力性を非難するでしょう。彼らは啓示された神に対する服従を要求します。そこで彼らに対してつぎのように答えられるのであります。すなわち哲学する個人が信仰するのは、神が欲することを客観的な保証によって知るのでなくて、むしろたえざる冒険において、神に従うことを心の底から決断する場合なのであります。神は個人の自由な決断によって働くのであります。僧侶《そうりょ》は神に対する服従と、教会とか聖書とか、直接の啓示と見なされる戒律などのような、この世界の中で現われている審判に対する服従とを、混同しているのであります。

究極において、この世界における客観的な審判に対する服従と、根源的に経験される神の意志に対する服従との間に真の一致が可能ではありますが、この一致は戦いとらねばならないものなのであります。

もし個人によって経験される神の意志が、一方的に客観的な審判を無視するならば、一般的なものや共通的なものによる吟味を回避しようとする恣意《しい》へ陥りやすいのです。ところがそれと正反対に、もし客観的な審判が一方的に、個人によって経験される神の意志を無視するならば、現実そのもののうちから神の意志を聴くことによって、たとえ客観的な審判に反しようとも、神に服従するという冒険を回避しようという誘惑が生ずるのであります。

信頼するに足る権威の法令や命令においてささえをつかもうとする場合には、それを誰から聴くかという当惑が存在します。それに反して、現実全体のうちから聴くことのうちには、個人の責任負担の飛躍的なエネルギーが存在するのであります。

人間存在の位階は、それが聴くことにおいて自己の導きを獲得してくる源泉の深さによるのであります。

人間であることは人間となることであります。

第七講　世　界

実在性・科学・世界像　日常の実際的生活において私たちの眼前に存するもの、いろいろな事柄や生物や人間などとの交渉において私たちがぶっつかる抵抗物であったり、あるいは材料となったりするもの、これらのものを私たちは実在性（Realität）と呼んでいるのであります。日常的な応接において、手工業的な技能や技術的設備をすることにおいて、さらに訓練された人間の交際や、方法的に組織したり、管理したりすることにおいて、私たちは実在性を知ることができるのです。

私たちが実際生活のうちで出会うものは、科学的認識によって説明がつくのでありますが。そしてそれは実在性についての知として、ふたたび新しい実際生活に役立たしめられるのであります。

しかし実在性に関する科学は、現存在の直接の関心以上のものであります。科学は、常に同時に闘いであるところの実際生活のうちに、すなわちいろいろな抵抗を克服するところの実践的経験のうちに、その根源を有しておるのでありますが、しかしそれはいろいろな根源のうちのただ一つのものであるにすぎないのです。人間はすべての実際的な関心から離れて、現実に存在するものを知ろうとします。したがって科学のいっそう深い根源というものは、純粋でひたむきな思弁であり、自己を掘り下げて見つめることであり、世界の中から聞えてくる答えに耳を傾けることであります。

知る働きは方法によって、そのつど知られたいっさいのものを体系的に統一することによって、すなわち雑多に分化しているものを越えて、それらのものが相互に関連する原理にまで発展することによって科学となるのであります。

ところでこの実在知は、世界像として完結されるかのように思われるのであります。実在全体は、あらゆる点において自己自身のうちに関係づけられた唯一《ゆいいつ》の世界として、世界全体として、世界像となって眼前に現われようとします。たとえこの世界像は常に不完全で訂正を要するものであっても、それは常に認識がもたらした成果であって、原理的には、存在が実在性として一般的に親しまれるようになるためにとるところの形体として、獲得されうるものだと考えられます。このような世界像は、それ自身のうちで相互に関連する知の全体を総括しようとするものであります。人間の認識の初期にはいろいろな世界像が形成されました。科学者は、全体者を一なる者として確認するために、常にある一つの世界像をもつことを欲するのであります。

あとの段階をさきの段階から導き出そうというむだな試みが行われておりました。ところがこのような場合にはいつも、それだけに究極において間隙が存することがいっそう明瞭になってきたのであります。認識と一致するように研究されうるすべての統一体が属するところの一なる全体的世界それ自身はけっして、何らかの総括的理論のもとに従属せしめられたり、理念として研究の行く手を照らしたりすることのできるような統一体ではないのです。存在するものはけっして世界像ではなくて、単に諸科学の一つの体系的な組織（Systematik）であるにすぎないのであります。

世界像というのはいつも、誤って世界存在一般として絶対化された個別的な認識の世界なのであります。種々異なった原則的な研究理念からそのつど特殊な視野が生れます。あらゆる世界像は世界から切り離された一断片であって、世界は形象とはならないのであります。神話的な世界像と区別される《科学的世界像》は、それ自身がいつも、科学的な手段と不完全な神話的形態とをもった一個の新しい神話的世界像なのであります。

世界はけっして対象ではない。私たちは常に世界のうちに存在し、世界のうちに存在している諸々《もろもろ》の対象を所有しますが、世界それ自身はけっして対象とはならないのです。私たちの方法的に研究する視圏がどんなにひろげられたにしても、なかんずく数十億の太陽をもつ私たちの天の川は、幾百万の星雲の中の一つであるにすぎないのでありますが、このような星雲の天文学的形象や、物質全体の数学的形象において、私たちがいつも見るものは、現象として目に見えるものであって、諸物の根拠でもなければ、全体的世界でもないのであります。

世界は閉ざされていないのであります。世界はそれ自身によって説明することはできません。むしろ世界の中においては、ある一つのものは他のものによって、つぎからつぎへと無限に説明せられるのであります。未来の研究が迫りゆく限界はいかなるものであるかということ、またこの研究にとっていかなる深淵《しんえん》が出現するかということについては、誰も知る者はないのであります。

無知　世界像を放棄することは、すでに科学的批判の要求するところとなっているのでありますが、さらにそれは哲学的な存在覚知（Seinsinnewerden）の一前提でありますo 哲学的な存在意識の前提が、科学的な世界探究のあらゆる方向を知ることであることはいうまでもないことであります。しかし科学的な世界知の隠れた意義は、科学的研究によって、もっとも明快な知に対して無知の空間が開かれるような限界に到達するということであるように思われるのであります。と申しますのは、完全な知のみが本来の無知に到達することができるからであります。かくて知られる世界像においてではなく、むしろ充実せられた無知において、しかも科学的認識を欠いたり、科学的認識以前においてではなくして、むしろ科学的認識の途上においてのみ、本来的に存在するものが現われるのであります。認識の情熱とは、この情熱が最高度に高まることによって、まさに認識が挫《ざ》折《せつ》する場所にまで到達しようとすることなのです。無知において、ただし充実せられ獲得せられた無知においてのみ、私たちの存在意識の独特の源泉が存するのであります。

解釈　世界の実在性とはいかなるものであるかということを、もう一つの方法によって説明してみましょう。科学的方法をもってする認識を一般的な命題で表わすと、いっさいの認識は解釈（Auslegung）である、ということになります。そこで私たちが書物を理解しようとする場合にとるやり方は、存在に関するあらゆる把《は》握《あく》に類似するものでありますが、この類似はけっして偶然ではないのであります。

と申しますのは、私たちはあらゆる存在を意味することとしてとらえるからであります。私たちが存在について語るかぎり、私たちはそれを語られたものの意味としてとらえます。したがって私たちが可知性の平地においてとらえたものは、最初言語において出会うものであります。しかし存在は私たちが語る以前にすでに、事物との実践的な交渉の言語において意味することとして私たちにとって存在します。存在は、それが他者を指示することによってのみ、そのつど規定されるのです。存在はそれが意味する関係において私たちにとって存在します。したがって存在と存在知、存在者、それに、存在者に関する私たちの言語、は雑多な意味することの交錯です。私たちにとって存するあらゆる存在は解釈された存在なのであります。

意味することは、あたかも記号と、記号で示されているものとが区別されるように、存在するものと、この存在するものを意味するものとの区別を、自己のうちに含んでいます。存在が解釈された存在として理解されるならば、それと同様に、つぎのような区別が行われねばならないかのように思われます。すなわち、解釈はあるものを解釈する、解釈されたもの、すなわち存在それ自身、は私たちの解釈に対立する、といわれるでありましょう。しかしこのような区別は結局のところ不可能なのであります。と申しますのは、私たちにとっては、単に解釈されるだけであって、それ自身解釈ではないような永久的存在者だとか、端的に知られうるものなどというものはけっして存在しないからであります。私たちが常に知るものは、単に存在の中へさしこむ「解釈すること」という光錐《こうすい》であるか、あるいは解釈可能性の把握であるかにすぎないのであります。全体的存在は、私たちに対して右のごときあらゆる解釈を、概観できぬまで無限に可能ならしめるような構造をもっているのであります。

しかし解釈は恣意《しい》的であるのではありません。それは正しい解釈としてある客観的な性格をもっています。存在がこのような解釈を強制するのであります。私たちにとって現われるあらゆる存在様式は「意味すること」の様式であるにちがいないが、同時にそれは必然的な「意味すること」の様式なのです。存在構造の学としての範疇論《はんちゅうろん》はしたがって、存在様式を意味様式として、たとえば、同一性・関係・原因と結果としての《対象的なもの》という範疇として、あるいは自由として、あるいは表現等々として、描くものであります。

意味するあらゆる存在は、私たちにとっては、百面鏡のようなものであります。実在性の様式もまた解釈された存在の様式なのであります。解釈であるということは、解釈されたものは存在自体の現実ではなくて、存在を現わす一様式であるということを意味します。絶対的な現実は解釈によって直接にとらえられません。もし解釈の内容が現実それ自身だと見なされるならば、それは常に知的錯覚に陥っているのであります。

現存在の現象性　私たちは世界の実在性の性格を、原理的に「現存在は現象である」という言葉で言い表わすことができます。私たちがこれまで論究してきたこと、すなわち実存性のあらゆる様式の浮動性、単なる相対的遠近法としての世界像の性格、解釈としての認識の性格、存在が主観＝客観の分裂として私たちに与えられているということ、これらの私たちにとって可能な知の根本的特徴は、あらゆる対象は現象であるにすぎない、認識された存在はけっして存在自体でもなければ、全体的存在でもないということを意味しています。この現存在の現象性は、すでにカントによって完全に明らかにせられたところであります。それは、それ自身対象的ではなくて、単に超越することによって洞見《どうけん》されるだけでありますから、確固不動の事実ではないとしても、およそ一般に超越することができるところの理性は、それを認めざるをえないのであります。しかしそうだとしても、それはこれまでの知識にある新しい一個の知識を付け加えるものではなくて、存在意識全体に一つの衝撃を惹《ひ》き起さすものであります。そこで世界存在に関する哲学的思惟《しい》のうちに、突如として、しかし不滅の、光がさしのぼってくるのであります。もしその光を欠くならば、上述の諸原則は根本的に理解されません。なぜならそれらは不完全なものであるからであります。

絶対的な世界像は存在しないばかりではありません。世界は非完結的であり、それぞれの視野をもつ認識にとって散在しています。なぜならそれは唯一の原理へもたらされないからであります。世界存在全体は認識の対象とはならないのであります。

神と実存との間におけるはかない現存在としての世界—世界を超越すること

世界存在に関する私たちの確認を、さきに神と実存について私たちが獲得したところの確認に関して、いっそう深めると、つぎのような命題となります。それは、世界内の実在は神と実存の間で一つのはかない現存在をもつ、という命題であります。

常識は、私たち人間にとって、「世界もしくは世界のうちにあるものは絶対的なものと見なされる」というこれと正反対のことを教えるかのように思われます。また人びとは、非常に多くのことを自己の本質の究極的な内容に帰せしめたところの人間について、ルターとともにつぎのように言うことができます。「汝《なんじ》が固執するもの、汝が拠《よ》ってもって立つところのもの、そは本来的に汝の神である」と。人間は、欲すると否《いな》とを問わず、知ると知らざるとを問わず、また事を行うに当って、偶然に、しかも一定の定めなくするか、それとも決定的に、しかも永続的にするか否かを問わず、とにかく、何かを絶対的なものと見なさざるをえないのであります。人間にとっては、いわば絶対的なものという場所が存在しているのであります。この場所は人間には避けることのできないもので、むしろ彼はこの場所を塡《うず》めなければならないのでありま す。

数千年の歴史は、世界を超越した人びとについての感動すべき出来事を示していま す。インドの禁欲主義者——それに中国や西洋における幾人かの僧侶《そうりょ》——は無世界的な冥想《めいそう》によって絶対者を覚知するために、世界を捨てたのであります。世界は消滅したかのようであった。存在が——世界の側から見られると無が——いっさいであったのであります。

中国の神秘主義者はこの世に執着する欲望から自己を解放して、純粋観念の境地に到達したのであります。このような観想によっていっさいの現存在は言葉と化し、透明になり、永遠者のかりそめの現象となり、永遠者の法則の無限遍在となったのであります。彼らにとって時間は永遠のうちにおいて消え去って、現世的な言葉となって現われたのであります。

西洋の学者・哲学者・詩人・それにまれには実践家さえもが、どんなにこの世に結びついていたにもかかわらず、あたかも常に外からやってきた者のように、この世を通りすぎていったのであります。彼らは遠い故郷を離れてきて、この世において自己と事物を見いだし、そしてこれらのものといとも親密に交わりながら、永遠者を想起するために、有限的現象を越えたのであります。

存在の調和や虚無主義的崩壊に反して、隠れた神性の言葉を聴くための準備　生活実践や知の一義的な確認をもってしては、存在のうちにおいてあの地盤を見いださなかった私たち他者は、世界と結合しながら、世界を評価する傾向に陥るのであります。

私たちが幸福な状況にある場合は、充足した世界実現の魔術によって、私たちは世界を存在の調和として見ようとするのであります。ところが恐るべき不幸の経験や、この現実を真正面に見る絶望は、それに反対します。このような反対は、存在の調和に対して、いっさいは無意味だという命題においてニヒリズムを掲げるのであります。

ところがとらわれない誠実さは、この存在の調和と虚無主義的な崩壊がいずれも真理でないことを看破するに相違ないのです。と申しますのは、この両者には全体的判断が含まれています。ところで世界および事物に関する全体的判断というものは、いずれもその基礎を不十分な知においているからであります。ところが私たち人間に課せられていることは、この対立する全体的判断の固定化を排して、人生の時間的過程において生じた事件や運命や自己の行為に、たえず耳を傾ける準備をすることであります。このような準備は、つぎのような二つの根本的経験を含んでおります。

第一、世界に対する神なる絶対的超越者の経験——隠れた神は、私がそれを一般的にかつ永久的にとらえようとしたり、理解しようとするかぎり、ますます遠くへ退いていく、神は、そのつどの一回かぎりの状況のうちに現われる神の言葉という、絶対的に歴史的な形体を通じて、計り知れず接近しているのである、という経験であります。

第二、この世における神の言葉の経験——世界存在はそれ自体としては存在しない、世界存在のうちにおいては、神の言葉がたえざる多義性において現われる。しかしこの神の言葉は、一般化されることなく、ただ歴史的にのみ刹那《せつな》的に、実存にとって一義的でありうる、という経験であります。

信仰の根本原理とこの世における神の言葉

存在に対する自由は、世界をあるがままに見るのであって、究極的なものとしては見ないのです。世界のうちにおいて、永遠に存在するものと、時間的に現象するものとが出会うのであります。

しかし私たちは永遠の存在を、私たちにとって実在的な時間的現象となるところのもの以外のものとしては経験しないのであります。私たちにとって存在するものは、世界存在の時間性のうちに現象しなければならないからして、神と実存に関して直接的な知はけっして存在しないのです。ここではただ信仰だけが存在するのであります。

神が存在する、無制約的要求が存在する、人間は有限的で、完成することがない、人間は神による導きにおいて生きることができる、というこれら信仰の根本原理は、同時にこの世において神の言葉として翼をもって実現せられるかぎりにおいてのみ、その真理を私たちに感得させるのであります。神が、いわば世界を迂回《うかい》して、直接に実存に接近するものとするならば、そこで生起するものは交わりを欠いたものであります。普遍的な根本原理の真理性はすべて、伝承の形体と、生の過程において生れた特殊性の形体において語り、個々の意識はこれらの形体において、この真理性に目ざめるのです。両親が語ったのであり、《聖なる御名のために》……《不滅》……《愛》などの言葉の古《いにしえ》からの歴史的な無限の深みが語るのであります。

信仰の根本原理は、普遍的であればあるだけ、それだけ歴史的でないのです。それは高い要求を純粋に抽象的に掲げます。しかしそのような抽象だけをもってしては、人間はけっして生きることはできません。抽象は具体的な実現を断念することにおいて、どこまでも想起と希望の手引きとなる最少限としてのみ存在しているものです。それは同時に一種の浄化する力をもつものであります。それは現在に実現することによって大いなる伝統を自己のものにするために、単なる身体性の繋縛《けいばく》と迷信の狭さから私たちを解放するものであります。

世界と神への帰依《きえ》　存在へ私を徹底的に捧《ささ》げることが、実存本来の在《あ》り方なのでありますが、神とはこの私を捧げる当の存在なのです。私がこの世で、私の生涯を賭《と》するまで帰依するところのものは、神と関係したものであります。ただしそれは、信仰された神の意志の制約と、たえざる吟味のもとにおいてであります。と申しますのは、盲目的な帰依においては、人間は単に事実的な、究明されることなくして、彼の上に加えられているところの権力へ無反省に仕え、また（見ること、問うこと、考えることが足らない結果）おそらくは過《あやま》って《悪魔》に仕えることがあるからです。

この世界において実在するもの――神への帰依にとって不可避的な媒介物――へ帰依することにおいて自己存在（自己であること）が生れます。この自己存在というのは、それが帰依する当のもののうちにあって、同時に自己を主張するものであります。しかしあらゆる現存在が、家族・国民・職業・国家などの実在のうちへ、世界のうちへ、溶かしこまれ、その後この世界の実在が無力なものとなるならば、無の絶望はただ、あらゆる規定された世界存在に対してもなお、ただ神の前に立ち、神から出るところの決定的な自己主張が貫徹されたということによってのみ、征服されるのであります。世界への帰依ではなくて、神への帰依によって、この自己存在それ自身が捧げられ、そしてこの世においてそれを主張する自由として受取られるのであります。

超越的な世界史の神話　神と実存の間において実現するはかない世界存在の一つに――聖書的範疇《はんちゆう》において――世界を、世界創造から始まって、没落を経て、さらに救済の時代を過ぎ、世界終末と万物の再生に至るまでの、超越的な歴史の現象と考えるところの神話があります。この神話にとっては、世界はそれ自身によって成立しているのではなくて、超世界的生起の過程にある過渡的な現存在なのであります。世界が消滅するあるものであるに反して、この消滅するもののうちにおいて神と実存が現実なのであります。

永遠であるものは、現世的時間において現象します。したがって個人としての人間も自己自身について知るのであります。ところでこの現象は、それ自体において永遠であるものが、現象において、現象にとって決定されるという逆説的な性格をもっているのであります。

第八講　信仰と啓蒙《けいもう》

信仰の五原理とその論争　私たちは哲学的信仰の根本原理をつぎのように表現しました——神が存在する、無制約的な要求が存在する、人間は有限的で未完成である、人間は神の導きによって生きることができる、世界の実在性は神と実存の間にはかない現存在をもつ、と。この五つの原理は相互に強めあい、交互に成長させあいます。しかしこれらのものはいずれもその固有の根源を実存の根本的経験のうちにもっているのであります。

この五つの根本原理はいずれも、世界内における対象についての有限的な知のようには証明せられないものであります。これらのものの真理性は、ただそれを注目させることによって《示し得られる》(aufweisbar) か、あるいは思想的処置によって《開明できる》(erhellbar) か、あるいは訴えによって《想起》(erinnern) されうるかのいずれかであるにすぎません。それは信条とは見なされません。むしろそれは信仰であるがゆえに力をもっているにもかかわらず、なお無知の浮動のうちにとどまっているものであります。私がこれらの原理に従うのは、ある権威の信仰告白に従うことによってではなくて、私の本質それ自身によって、これらの原理の真理性を回避することができないからであります。

これらの原理を平板に言表することは危険であります。それらのものは知のように、あまり軽率に取扱われると、そのことによって意義を失うでありましょう。これらのものは信条としてあまりにも軽々しく現実視せられます。もとよりこれらの原理は伝達されることを欲します。それは伝達されることによって、人びとがこれらの原理においてて理解されんがためであり、交わりにおいてこれらの原理が確認されんがためであり、ある存在が自ら進んでそれを欲する場合は、目ざめさせんがためであります。しかしこれらのものが一義的な明確さをもって言表されるならば、人を仮象知へ誘惑するでしょう。

討論は言表の一つであります。なぜなら、私たちが思惟《しい》する場合は、すぐに、真なるものに出会うか、あるいはそれをとらえそこなうかという二重の可能性が生ずるからであります。したがって、あらゆる積極的な言表には、誤謬《ごびゅう》の防禦《ぼうぎょ》が結合しており、思惟されたものの秩序正しい構成には、曲解が伴われるのであります。それゆえ、積極的なものについての解説的叙述は、消極的判断や制限や防禦によって浸透されていなければならない。しかし哲学せられるかぎり、この討論の闘争は権力のための闘争ではなくて、問われることによって物事が明らかになっていく道としての闘争であり、真なるものを明晰《めいせき》にするための闘争であります。このような闘争にあっては、知性の武器は、相手の自由にまかせられるとともに、自己自身の信仰の表現となるのであります。

端的に問われるところの場所としての「哲学すること」においては、私は直接に言表します。神は存在するか、現存在において無制約な要求が存在するか、人間は未完成であるか、神による導きは存在するか、世界存在は浮動し、消滅するものであるか、と。もしおよそつぎのような無信仰性の言表に当面するならば、私は答えざるをえないでしょう。

第一――神は存在しない。なぜなら、存在するものはただ世界と、世界生起の法則だけだからである。世界が神である。

第二――無制約的なものは存在しない。なぜなら、私が従うところの要求は、発生したものであり、変化するものだからである。これらの要求は、習慣や訓練や伝承や服従などによって制約されている。あらゆるものは果てしなく制約のもとに立っている。

第三――完成された人間が存在する。なぜなら、人間は動物と同様によくしつけられたものでありうるから。人は人間を訓練することができるであろう。人間には原則的な不完全性もなければ、根底的な破滅もない。人間は中間的存在ではなくて、完結的・全体的である。なるほど人間はこの世にある万物と同様にはかないものではあるが、しかし人間は自己自身の根拠をもち、自立的で、自己の世界内で充足しているのである。

第四――神による導きというものは存在しない。このような導きは幻影であり、自己欺瞞《ぎまん》である。人間は、自己自身に従うことができる。人間は自己自身の力を信頼することができる。

第五――世界はいっさいである。世界の実在性は唯一《ゆいいつ》にして本来の現実である。超越者は存在しないから、この世の中においては万物は無常であるが、しかし世界そのものは絶対的で、永遠に消滅せず、浮動的な過渡的存在ではない。

このような無信仰性の言表に対して、二重の哲学的課題が存しています。それは無信仰性の由来を理解すること、信仰的真理の意義を明らかにすることであります。

啓蒙の要求

無信仰性は啓蒙《けいもう》の結果だと見なされています。それでは啓蒙とはいかなることでありましょうか。

啓蒙の要求は、何らの疑いもなく真理をそのままに承認する盲目性に向けられるものであります。たとえば、論証的に誤った前提に基づいているという理由からして——魔術的行為のように——自分が意図しているものを実現することができないような行為に対して、無制限な問いや探究の禁止に対して、伝承的な先入見に対して、向けられるものであります。啓蒙は無制限な認識の努力と、あらゆる認識の方法と限界についての批判的意識を要求するものであります。

人間には自分が考えたり、欲したり、行なったりすることについて理解しようという要求があります。彼は自分で考えようとします。彼は、真なるものを悟性でとらえて、それをできるだけ証明しようとします。彼は原則的に誰でもが出会う経験と結びつくことを要求します。彼は認識をそのままに承認されるべき完成した成果と見なさないで、この認識の根源へ至る道を探求します。彼は、証明はいかなる意味において妥当するか、悟性はいかなる限界において挫折《ざせつ》するかを知ろうとします。究極において論証不可能な前提として生の根拠としなければならないもの、彼が従う権威、彼がいだく畏敬《いけい》の念、偉大なる人間の思想や行動に対して彼が示す尊敬の念、当座にせよ、現下の状況のもとにおいてにせよ、あるいは一般的であるにせよ、ある理解されなかったもの、あるいは理解されえないものに対して彼が贈る信頼の念、これらのものをもなお、人間は論証しようとするのです。さらにそればかりでなく、服従する場合でも、何ゆえに自分は服従するのか、ということを知ろうとします。彼が真と見なしたり、正しいこととして行なったりするいっさいのことを、彼は例外なしに、自分で心からそれに参与できる条件のもとにおくのです。彼の同意が自信をもって保証される場合においてのみ、彼は参与します。カントの言葉を借りて簡単に申しますと、啓蒙とは《人間が自分自身に責任のある未成年の状態から抜け出ること(二)》であります。啓蒙ということは、人間が自分自身となる道程として解せられるのであります。

真の啓蒙と誤れる啓蒙および啓蒙に対する闘争　しかし啓蒙の主張することはきわめて誤解されやすいからして、啓蒙の意義も曖昧《あいまい》なのであります。それは真の啓蒙であることもあるし、誤った啓蒙であることもあります。したがって啓蒙に対する攻撃もまた、それ自身として曖昧であります。この攻撃は誤った啓蒙に対して行われる――この場合は正当である――こともあれば、また真の啓蒙に対して行われる――この場合は不当である――こともあります。しかし多くの場合この両者は混合しているのであります。

啓蒙に対する攻撃はつぎのようなものであります――啓蒙は、いっさいの生活の基礎をなしている伝統を破壊するであろう。啓蒙は信仰を解消して、人をニヒリズムに導くであろう。啓蒙はすべての人に彼の恣意《しい》の自由を与えるであろう。したがってそれは無秩序と無政府の出発点となるだろう。啓蒙は、人間を無地盤的ならしめることによって、彼を不幸に陥《おとしい》れるであろう。

このような非難は、それ自ら本当の啓蒙の意義をもはや理解しないところの、誤った啓蒙に対して加えられるものであります。誤った啓蒙は（悟性を、単にこの悟性に与えられねばならぬものを開明するために、回避することのできぬ道として利用するかわりに）あらゆる知と意欲と行為を単なる悟性に基づかしめることができると考えます。このような啓蒙は（単に常に特殊的である悟性的認識に許された領域内で、この悟性的認識を有意義に応用するかわりに）このような悟性的認識を絶対化するのです。このような啓蒙は個人を誘惑して（共同的に問いかつ促進する知の生ける関連を基礎としないで）あたかも個人がいっさいであるかのように、自分自身だけで知ることができ、自分の知だけに基づいて行動することができるというようなことを口にさせるようになります。人間生活はすべて例外と権威の両者によって定位されねばならないのでありますが、このような啓蒙には、この例外と権威に対する感受性が欠けています。簡単に申しますと、このような啓蒙は、真なるものと、人間にとって重要なものをすべて、悟性の洞察《どうさつ》によって獲得できるかのように、人間をして自己自身にのみ立脚せしめようとするのであります。このような啓蒙は単に知ろうとするだけで、信じようとはしないのであります。

それに反して真の啓蒙は、思惟と問う能力に対して、企図的に、外部から強制的に、限界を示しはしないけれども、実際上の限界を自覚するのであります。なぜなら、啓蒙は単に、従来疑われなかったことや、先入見や、自明的だと思いこまれていたことについて啓蒙するだけでなく、自分自身についても啓蒙するからであります。このような啓蒙には、悟性の方法と人間存在の内容とを混同するようなことがありません。この人間存在の内容は、啓蒙にとって、合理的に営まれる悟性によって開明できるものとして現われるが、しかし悟性に基礎をおくものではないのであります。

啓蒙に対する二、三の非難　今度はさらに進んで、啓蒙に対する二、三の特殊な攻撃についてお話しいたしましょう。それはまず、啓蒙は、恩恵によってのみ人間に与えられるものを、自分自身に負うものだと主張するところの人間の自力主義である、という非難であります。

この非難は、神は他人の命令や説明によって現われるのでなくて、人間の自己存在において、人間の自由によって現われ、外部からでなくて、内面から現われるものであるということを見そこなっているのであります。神から授けられ、神と関係している人間の自由が侵害されるならば、まさにそのことによってこそ、間接的に神が現われるのであります。自由に対する攻撃、すなわち啓蒙に対するこのような闘争、と同時に実際において、人間によって考え出されたいわゆる宗教的な信仰内容・命令・禁止、人間によって定められた秩序や行動の仕方——これらのうちには、あらゆる人事におけると同様に、愚昧《ぐまい》と知性とが無差別に混交しているのでありますが——のために、神そのものに対する叛乱《はんらん》が生ずるのであります。もしこれら人間によって定められた秩序や行動の仕方が、疑問を回避するならば、それとともに、これらのものは人間の使命の放棄を要求するものであります。なぜなら、啓蒙を拒否することは、人間に対する裏切りのようなものであるからです。

啓蒙の主要契機の一つは科学であります。しかもそれは無前提的な科学、換言しますと、その問いと研究に関して、あらかじめ確定されたどんな目的や真理によっても制限されないところの科学であります。ただこの場合、人道主義的な要求からして、人間に関する実験に対しては道徳的な制限が加えられるだけであります。

科学は宗教を破壊するという声がありました。すなわちギリシア時代の科学は、まだ信仰の内部に建設されていた、したがって信仰の開明にとって有用であったのであるが、近代科学はまったく有害である、科学はある一つの宿命的な世界危機の単なる歴史的な一現象である、科学の終末が期待されねばならない、そしてそれは全力をあげて、促進されねばならない、というのです。人びとは科学において永遠に輝く真理を疑います。人びとは、今日科学的態度なくしてはもはや可能でないところの人間の尊厳を否定します。人びとは啓蒙に心を寄せる。そしてそれを単に悟性の平板さにおいてだけ見るが、理性の広さにおいて見ないのです。人びとは自由主義に心を寄せる。そして単に成りゆくままに放任することと、外面的な進歩を信ずることとによって、それが麻痺《まひ》するのを見るだけであって、自由精神の深い力を見ません。人びとは無信仰者の冷淡な無関心性としての寛容に心を寄せる。そして普遍的な人間的交わりの準備を見ません。要するに、人びとは人間的尊厳・認識能力・自由などの私たちの根拠を非難して、哲学的実存の精神的自殺に陥っているのであります。

それに反して私たちはつぎのように確信します。もし純粋の科学性が伝統と状況を通して人間にとって可能であるならば、このような科学性なくしては、もはや真実性も、理性も、人間的尊厳も存在しません。科学が失われるならば、薄明・黄昏《たそがれ》・不明《ふめい》瞭《りょう》な信仰的感情・自分で求めた盲目的な狂信的な決心などが生じます。柵《さく》が設けられて、人間は新しい牢獄《ろうごく》に入れられるのです。

闘争の意義　啓蒙に対して闘争が生れるのはなぜでしょうか。

この攻撃は不条理なものへの衝動、神の代弁者だと信ぜられた人びとに対する服従への衝動から生れることが少なくないのであります。それは、夜への情熱から生れます。ところでこの夜への情熱はもはや昼の法則に従わないものであって、むしろ無地盤性を経験したことによって、それを救うものであるかのような仮象の秩序を、砂上に建設するところのものであります。信仰を要求し、信仰を自分に説いて聴かせる無信仰性の衝動というものが存在します。そして権力意志は、人間が盲目的な服従によって権威に従えば従うだけ、それだけ人間を自分の思うままにすることができると考えます。そしてこの権威はこのような権力の一手段となるのであります。

この場合キリストと新約聖書が引合いに出されるならば、それは数千年の間の教会的・神学的現象に関してだけなら正しいが、もし聖書宗教の根源と真理そのもののことをいうのであれば、誤りであります。この聖書宗教の根源と真理は本当の啓蒙のうちに生きているのです。そしてそれは哲学によって開明せられます。そして哲学はおそらく、新しい技術の世界における人間存在のために、それらの内容の保存を可能ならしめることに参与するでありましょう。

しかし啓蒙に対する攻撃が常に有意義なことととして現われるということは、啓蒙に対して数々の誤解があるという事実に基づくのであって、このような誤解された啓蒙に対する攻撃こそ、まさに正当なのであります。しかし誤解が可能なのは課題の困難さによるのであります。啓蒙には解放された人間の歓喜が伴います。そしてこの解放された人間は自由であることによって、神性に対して心が開かれていることを感じます。それはすべての新しく目ざめた人間が取戻すような歓喜であります。しかしそのつぎには啓蒙はやがてある一つの耐えがたい要求となることがあります。と申しますのは、神の声は自由によってけっして一義的に聴かれないからであります。また人間がけっして構想することができないことが、ある瞬間において彼に贈られることがありますが、神の声というものは、人間の生涯を通ずる努力の歩みにおいて、このような瞬間によってだけ聴かれるからであります。人間は、単に与えられた瞬間における「聴くこと」に対して準備するだけでもって、批判的無知の重荷に耐えることができるとは限らないのであります。人間は究極的なものを決定的に知りたがるものであります。

人間は信仰を拒否したあとで、悟性的思惟《しい》そのものに自分を委《ゆだ》ね、そして人生において決定的に重大な事柄に関して、この悟性的思惟から確実性を期待するという間違いに陥るのであります。しかしながら悟性はこの期待に応《こた》えることができないからして、要求の充足は虚偽の結果に到達するのです。すなわちあれこれと果てしなき多様性において、有限的に規定されたものが、全体者として絶対化されるということになるのです。そのつどの思惟形態が認識そのものと見なされます。たえず自己吟味を続けていくということがなくなります。それは人びとが一義的に決定的な外見の確実性によって、このような自己吟味から解放されるからであります。偶然と状況次第の思いつきが、真理を要求します。しかしそれは外観的に明白であることによって、かえって新たな盲目性へ陥るのです。このような啓蒙は、いっさいを自分だけの洞察によって知ったり、考えたりできると主張するのですから、実際はこのような啓蒙には恣《し》意《い》が存しているのです。このような啓蒙は生半可《なまはんか》で、わがまま勝手な思惟によって、この不可能な要求を実現しようとするものであります。

しかしこれらすべての本末転倒は思惟を排除することによって救われるのではなくて、むしろそれを救うものはただ、自己の可能性のすべてと、自己の批判的な限界意識と、認識の関連のうちに足場をもっている自己の妥当的な諸内容とをもつところの思惟の実現だけであります。全体的人間の自己教育をもって遂行される思惟の育成のみが、任意な思惟が毒物と化し、啓蒙《けいもう》の明晰《めいせき》さが窒息するような雰囲気《ふんいき》と化することを妨げるのであります。

信仰の不可避性　もっとも純粋な啓蒙にとってこそ、信仰の不可避性が明らかになるのであります。哲学的信仰の五原理は、科学のテーゼのようには証明せられません。信仰を合理的に強制することは不可能であります。それは科学によってはもとよりのこと、哲学によっても不可能であります。

悟性が自分だけで真理や存在を認識できると考えるのは、誤った啓蒙が陥る誤謬《ごびゅう》であります。悟性は他者を頼《たよ》りとするものです。悟性は科学的認識としては経験的な直観を頼りとし、哲学としては信仰内容を頼りとしているのであります。

なるほど悟性は思惟しながら観察したり、純化したり、展開したりすることができますが、しかし悟性の思念に対象的意味を付与し、悟性の思惟に内容を付与し、悟性の行為に意義を付与し、悟性の哲学する働きに存在内容を付与するものが、悟性にとって存在していなければならないのであります。

思惟が頼りとするところのこれらの前提はどこからくるかということは、結局認識不可能なのであります。これらの前提は包括者のうちにその根源をもっています。そして私たちはこの包括者によって生きているのです。もし私たちの内部にこの包括者の力が欠如していたら、私たちの不信仰の側からなされたあの五つの否定に陥る傾向が生れるでありましょう。

直観的経験の前提は世界から、また信仰の前提は歴史的伝承物から、出てきます。そしてそれらは外面的にとらえられるのであります。ところでこれらの前提がこのような外面的な形体をとるものであるかぎり、それは本来の前提がはじめて見いだされるようになる導きの糸であるにすぎないのであります。と申しますのは、この外面的な前提はなおたえず吟味を受けつつあるものであって、しかもそれは自分自身で何が真であるかを知っている裁判官としての悟性によって吟味されるのではなくて、媒介者としての悟性によって吟味されるからであります。すなわち悟性は他の経験に照らして経験を吟味し、また伝承された信仰に照らして伝承された信仰を吟味し、そしてそれによってあらゆる伝承されたものを、固有の自己存在の根源からの根源的な内容の覚醒《かくせい》に照らして吟味するのであります。科学においては、与えられた道を歩む者にとっては避けることのできない強制的な直観が、経験に対して生産せられます。哲学においては、伝承されたものを明白に顕《あらわ》にすることによって、信仰の覚知が可能にせられるのであります。

しかし無信仰を防ぐには、それを直接に克服しようとしてもだめであります。むしろそれは、いわゆる知の証明可能な誤った合理的な主張と、誤った合理的な信条とを克服することによってだけ可能なのであります。

もしあの哲学的信仰の原理が、ある何らかの内容の伝達と見なされるときは、このような原理の表明によって誤謬が始まるのです。と申しますのは、これら原理のおのおののものの意義のうちに存するものは、絶対的な対象というものではなく、具体化されるところの無限性の標識だからであります。この無限性が信仰において顕になるとき、世界存在という果てしなきものが、この根拠の多義的な現象となって現われるのであります。

もし哲学する者があの信条を口にするならば、それは信仰告白の類比物のようなものであります。哲学者はあらゆる答えを回避するために、自分の無知を利用してはなりません。なるほど彼は哲学的にはどこまでも慎重であって、つぎのように繰返して言うでありましょう。私は知らない、私は自分が信仰しているかどうかも知らない、と。しかし彼はさらにつぎのように言うでありましょう。このような信仰は、このような原理として言表される場合、私には意味深いもののように思われる、そこで私はそのように信仰し、それを目ざして生きる力を得たいと思うのである、と。したがって哲学する働きにあっては、あやふやな言表の外見的な非決定性と、決定的な態度をとるところの現実性との間には、常に一種の緊張が存するでありましょう。

第九講　人類の歴史*

歴史が私たちにとって有する意義

どんな実在するものも、私たちの自己確認にとって、歴史ほど重要ではないのであります。歴史は私たちに人類のもっとも広大な地平圏を示し、私たちの生活の基礎となっている伝統の内容を私たちにもたらし、現在的なものに対する規準を私たちに示し、自己が属する時代への無意識的な拘束から私たちを解放し、人間をその最高の可能性と、その不滅の創造性において見ることを教えるのであります。

私たちが自分の閑暇をもっとも上手《じょうず》に利用する方法は、過去の華々《はなばな》しい事物と親密になり、またいつまでも親密であること、またあらゆるものが滅んでいくというような不幸を見ることであります。私たちが現在経験することは、歴史の鏡によっていっそうよく理解されます。歴史が伝えるものは私たち自身の時代によって生きたものとなります。私たちの生活は過去と現在の相互的な開明によって進歩するのであります。接近、身をもってする観察、個々のものを注視すること、によってのみ、歴史は本当にかかわりをもつようになります。抽象的であることを出ないのでありますが、二、三の問題について哲学的な解説を試みましょう。

＊本講においては一部拙著『歴史の根源と目標』からそのままに引用した個所がある。

歴史哲学および世界史の図式　世界史は偶然的な事件の混沌《こんとん》たる集積のように見えることがあります。それは全般的にいって潮流の渦巻のような混乱に見えます。それは一つの混乱状態から他の混乱状態へ、一つの禍《わざわ》いから他の禍いへとたえず進んでいきます。そしてそれは幸福の瞬間的な光、潮流によってふたたび隠されるまでのわずかの間だけ潮流の侵害を免れている島、をもつだけであります。マックス・ヴェーバーの譬喩《ひゆ》を借りると――要するにそれは悪魔が粉々な価値をもって舗装する道路であります。

確かに認識にとって、個々の因果関係のような、生起の関連が現われます。たとえば、労働様式に及ぼす技術的発明の影響、社会構造に及ぼす労働様式の影響、国際的秩序に及ぼす侵略の影響、軍事的組織に及ぼす戦争技術の影響、さらに国家構造に及ぼすこの軍事的組織の影響等々無限であります。さらにこれらの個々の因果関係を越えて、一種の全景が現われるのであります。すなわちたとえば、おのおのの世代を通じて流れている精神的なものの様式的系列において現われているような一種の全景が、文化のそれぞれ特徴ある時代として、あるいは文化の発展過程における偉大なる完結した文化形態として、現われるのです。シュペングラーならびにその一統は、このような文化が単に生きながらえていくだけの人間存在の集団から生れるのを見ました。それはいわば数限りなき植物が地中から生れ出て、花が咲き、枯れていくようなものでありますーーシュペングラーはこれまで八つの文化形態を、トインビーは二十一の文化形態を挙げていますーーしかもこれらのものはおのおの相互にあまりかかわりをもたないか、あるいは全然もたないかのどちらかであります。

このように考察しますと、歴史は何らの意義も、統一も、組織ももっていないので、ただ概観することができないほど無数の因果的連鎖をなし、形態学的な形態をとっているだけであります。それは自然的生起において現われると同じようなものでありますが、ただ歴史においては自然的生起におけるほど精確に、それを確認することができぬというまでのことであります。

ところが歴史哲学は世界史のこのような意義や統一や組織を探求することを意味するものであります。したがってこの世界史だけが人類を全体的にとらえるものであります。

つぎに世界史の図式を描いてみましょう。

人間はすでに何十万年も昔から生存していました。人間の存在は、地質学的に年代が決められている地層で人骨が発見されたことによって、証明されています。数万年前から解剖学的に私たちとまったく類似した人間が生存していたのです。いろいろな道具の遺物ばかりでなく、絵画の遺物さえもが残っているのです。五、六千年も前から私たちは、文字で書かれた一貫した歴史をもっているのであります。

歴史は四大段階に分けられます。

第一段階　ここでは言語の発生、道具の発明、火を燃やすことと火を使用することなどの最初の大きな進歩が推定されるのであります。それはプロメーテウスの時代であり、私たちには想像もできない単なる生物学的な人間存在に比べて、人間をしてはじめて人間たらしめたところのあらゆる歴史の基礎であります。それがいつごろのことであったかとか、個々の歩みにどれくらいの年代が割り当てられたかということは、私たちには知られていません。とにかくこの時代は非常に遠い昔のことであって、それに比べると、記録的な歴史の時代などというものはほとんど無にも等しいので、それはこの記録的な歴史の時代の何倍にも当るに相違ないのであります。

第二段階　紀元前五〇〇〇年から三〇〇〇年の間に、エジプト、メソポタミア、インダス河流域において、少しあとには中国の黄河《こうが》流域において、高度の古代文化が発生したのであります。これらはすでに全地球上にひろがって住んでいた人類の広範な量のうちにおける小さな光の島なのであります。

第三段階　紀元前五〇〇年ごろ——八〇〇年ないし二〇〇年の間——人類をして今日あらしめている精神的基礎が築かれたのであります。それは中国、インド、ペルシア、パレスチナ、ギリシアにおいて、時を同じくしてではあるが、それぞれ孤立して、できたのであります。

第四段階　その後世界史的影響と同じ価値をもつところの、唯一《ゆいいつ》にしてまったく新しい精神的・物質的な出来事が発生しました。すなわち科学的＝技術的時代がそれであります。それは中世末期以後ヨーロッパにおいて基礎が築かれ、十七世紀において精神的に組織され、十八世紀末以来広く発展し、この数十年以来急速な進歩を遂げたのであります。

枢軸時代《すうじく》　第三段階、すなわち紀元前五〇〇年ごろに目を向けてみましょう。ヘーゲルは『あらゆる歴史はキリストを目ざし、またキリストから出ている。神の子の出現は世界史の枢軸である』と申しております。私たちの年代の数え方は、この世界史のキリスト教的構造を日常生活において証拠だてるものであります。その欠点は、このような普遍的歴史観はただキリスト教信者にとってだけしかあてはまらないということであります。しかし西洋においてもキリスト教徒は、自己の経験的な歴史観をこの信仰と結びつけておりません。むしろキリスト教徒にとっては、宗教の歴史は世俗的な歴史と意味の異なったものとして区別されているのであります。

世界史の枢軸というようなものがもしあるとするならば、それはただ世俗的な歴史にとってだけ存在するものであり、このようなものとして、キリスト教徒ばかりでなく万人にとってあてはまるところの事実として、経験的に見いだされるべきものではないでしょうか。それは規準となるような一定の信仰内容を離れて、西洋にとってもアジアにとっても、万人にとって、納得されるものでなくてはならないでしょう。こうしてあらゆる民族にとって歴史的な自己理解の共通の枠《わく》が生れるのではないでしょうか。さてこの世界史の枢軸は紀元前八〇〇年から二〇〇年の間に発生した精神的過程のうちに存するように思われます。私たちとともに今日に至るまで生きているところの人間が現われたのであります。私たちはこの時代を簡単に《枢軸時代》(Achsenzeit) と呼ぶことができるでしょう。

この時代には重大な事柄が一度に押し寄せてきました。中国には孔子と老子が生れ、中国哲学のあらゆる方向が現われ、墨子、荘子、列子その他の無数の人びとの思想が生れました。インドではウパニシャッドが現われ、釈迦《しゃか》が生れ、中国におけると同様に、懐疑主義と唯物論、詭弁派《きべんは》と虚無主義に至るまでのあらゆる哲学的な可能性が展開されました。イランにおいてはツアラトゥストラが、善と悪の闘争の挑戦的な世界像を教え、パレスチナにおいてはエリアからイザヤとエレミヤを経て、第二のイザヤに至るまでの予言者たちが現われました。ギリシアではホメーロスや哲学者のパルメニデース、ヘーラクレイトス、プラトーン、悲劇作者たち、トゥーキュディデース、アルキメーデースが現われました。このような名前によって単に暗示されたにすぎないところのいっさいのものが、このわずか数世紀の間に、中国、インド、西洋において、ほとんど同時に生れたのであります。ただ彼らは相互に知りあっていなかっただけなのです。

この時代の新しいことといえば、人間が存在全体を、自己自身と自己の限界を、意識するようになったということであります。人間は世界の恐るべきことと、自分自身の無力さとを知り、徹底的に疑い、深淵《しんえん》に臨んで解放と救済を渇望《かつぼう》するようになりました。人間は意識的に自己の限界をとらえることによって、最高の目標を設定するようになりました。人間は自己存在の根底と超越者をはっきりと見ることにおいて、無制約的なものを経験するようになりました。

矛盾的な可能性が探求せられるようになりました。討論、党派の結成、対立の状態においてもなお相互に関係しあっていたところの精神的なものの分裂、これらのものが不安と動揺を起させて、危うく精神的混乱を惹《ひ》き起させようとしました。

今日まで私たちの思惟《しい》が拠《よ》ってきているところの基礎的範疇《はんちゅう》は、この時代にできたのであります。また世界宗教が生れて、人間はそれによって今日まで生きているのであります。

それまで無意識的に通用していたいろいろな思想や風習や状態は、この過程を通じて疑問とせられるようになりました。いっさいのものが渦の中に巻きこまれてしまったのであります。

神話時代は平穏に、何の問題もなく終りを告げておったのであります。ところが今度は、合理性と実際経験からして、神話との闘争や、悪魔に対抗する一なる神である超越者を闘い取る闘争や、道徳的な憤激から虚偽の神々に対する闘争などが始まったのです。神話は、それが全般的に破壊された時点において、変形され、新たな深さをもってとらえられたのであります。

人間はもはや自分の中に閉ざされないのであります。人間は自分自身が不確実であるとともに、新しい限りなき可能性に対して開放されているのであります。はじめて哲学者が現われたのであります。人びとは個人として独立しようと試みたのです。中国における隠遁者《いんとんしゃ》や漂泊の哲人、インドにおける禁欲主義者、ギリシアにおける哲学者、イスラエルにおける予言者、これらはいずれも、その信仰内容や思想内容や内的態度において相互に非常に異なっているとしても、なおお互いに関連しあっているのであります。人間は自分を内面的に世界全体に対立させることができたのであります。彼は自分の内部に、そこから出て自分を自分自身と世界から超越させたところの根源を発見したのであります。

人びとはその当時歴史を意識したのであります。異常な事柄が始まったが、人びとが無限の過去が先行したことを感じかつ知ったのであります。この本来的な人間精神の覚醒《かくせい》のはじめにおいてすでに、人間は想起によって荷負《にな》われ、末世の意識、否《いな》没落の意識をさえ、もっていたのであります。

人びとは計画的に事件の進行を手中に握ろうとし、好ましい状態を回復したり、あるいはそれをはじめから作り出そうとしたりします。人びとは、人間はどうしたらもっともうまく協同生活を営むことができ、またもっともよく管理され、統御されるかということを考慮します。改革の思想が行動を支配するようになりました。

社会学的状態もまた、三つの領域のすべてにおいて類似を示しております。たくさんな小国家群や都市群が存在していて、それらはすべて相互に闘争していたのでありますそしてこのような闘争にもかかわらず、はじめには驚くべき繁栄が可能であったのであります。

以上の事柄が数世紀を通じて展開されたこの時代は、しかしけっして単純に向上的な発展だったとされるわけにはいかないのです。破壊と復興が同時的に存在したのであります。人類は一度も完成に到達したことはなかったのです。個別的に実現された最高の可能性は、共有財とはならなかったのであります。最初活動の自由であったものが、最後には無政府となりました。創造的精神が時代から失われていったとき、三つの文化領域において教説の固定化と水準化が生じたのです。耐えがたい無秩序から、永続的な状態の回復による新しい結合への渇望が生れたのであります。

その結果は、最初政治的な形態をもって現われたのであります。中国、インド、ヨーロッパにおいてほとんど同時に、広大な支配権をもった大帝国が出現しました（中国においては秦《しん》の始《し》皇帝《こうてい》、インドにおいてはマウリア王朝、ヨーロッパにおいてはヘレネー国家およびローマ帝国）。崩壊のあとにまず最初いたるところで技術的・組織的な秩序が獲得されたのであります。

現代　現代に至るまでの人類の精神生活は、さかのぼって枢軸時代と関連を有するのであります。中国においてもインドにおいてもヨーロッパにおいても、意識的な復帰、すなわちルネサンスが存在しております。もとより新しい偉大な創造が生れてはいますが、それは枢軸時代に獲得されたものについて知ることによって、呼び起されたのであります。

こうして歴史の大行進が、最初の「人間となること」から出発して、高度の古代文化の時代を経て枢軸時代と、それに引続き、つい最近までは独創的であったところの時代に到達したのであります。

その後第二の進行が始まったように思われます。現代の科学的＝技術的時代は、ちょうど第二の出発点と似ています。これと比較されうるものは、ただ最初の道具の発明と火を作り出すことであります。

もし類推によって想像をたくましくするならば、古代ユダヤ人はエジプトを去って、彼らがある新しい地盤を築いたとき、エジプトを強制労働所だとして嫌悪《けんお》したのでありますが、私たちはちょうどこのエジプトのような、高度の古代文化の組織や計画と類似したいろいろな形態を経て進んでいくのでありましょう。おそらく人類はこの巨大な組織を経て、まだ遠方にあって、見ることも想像することもできないある新しい本来的な人間となる枢軸時代へ向って進行しているのでありましょう。

しかし現在は私たちは非常に恐るべき破局の時代に生存しているのであります。受継がれたいっさいのものが、あたかも崩壊してしまうかのようであるのに、しかも新しい構築の基礎はまだはっきりと見られないのであります。

新しいことは、現代において歴史がはじめて世界史になったという事実であります。現在の交通機関の世界的統一に比べると、昔の歴史はすべて郷土史の集合物であります。

私たちが歴史と名づけているものは、従来の意味においては、すでになくなっているのです。有史以前の幾十万年の間に地球上にひろがった植民時代と、現代の本当の意味における世界史のはじめとの間には、五千年の中間的瞬間があったのです。この五千年は、それに先行する人間存在の時間に比較すると、ただわずかな時間であったわけであります。この歴史はいわば、世界史的行動に達するまでの人間の出会いや集合を意味したのであり、また旅行に出るために精神的・技術的な準備をすることであったわけであります。私たちはいままさに始めるところなのであります。

私たちが現代の実在するものに関して悲観し、人間の歴史全体を失われたものと見なそうとも、私たちはこのような歴史の圏内において方向を見定めねばならないのであります。私たちは人間存在の将来の可能性を信ずることができます。近視眼的に見れば、今日いっさいのものは朦朧《もうろう》としているが、長い目で見ればそうではありません。それを確認するためには、私たちは全体的な世界史の規準を必要とするのであります。私たちが現在的に現実的となり、真理を探求し、人間存在の規準を見るならば、私たちはそれだけいっそう決定的に未来を信ずることができるのであります。

歴史の意義の問題

もし私たちが歴史の意義を問うならば、歴史の目標を信ずる者にとっては、目標について考えるだけでなく、それを計画的に実現しようとすることは自然の道理であります。

しかし全体的に計画を立てていこうとすると、私たちは自分の無力を知るのであります。権力者が傲慢《ごうまん》にも、歴史の全体について知っていると思いこんで計画を立てるならば、このような計画は挫折《ざせつ》して破局に遭遇します。狭い環境内における個人の計画は失敗に帰するか、あるいは全然別の、予測されなかった意味連関の契機となるかのいずれかであります。歴史の歩みは、何人も抗することのできない地ならしローラーのように見えるか、あるいは、無限に解釈せられ、新しい事件によって不意に明らかになることがあり、常に多義的であるようなある意義、私たちのほうからは自分を心から打明けるにもかかわらず、私たちにとってはけっして知られることのないような意義、であるかのように見えるかのいずれかであります。

もし私たちがこの意義を、現世において到達される幸福な究極的状態のうちにおこうとするかぎり、それはけっして私たちにとって考えられるような観念のうちにも、これまでの歴史的現象のうちにも、見いだされないのであります。むしろ混乱の道を歩む人類の歴史は、ささやかな成功と全体的な崩壊のこの歴史の道は、このような意義を否定します。歴史の意義に関する問題は、歴史の意義を一個の目標として言表するような答えによっては解かるべくもないのであります。

あらゆる目標は個別的な、一時的な、かりそめのものであります。歴史全体を一回かぎりの決定的な歴史として全体的に構成することは、いつも、本質的なものを無視するという代価を支払って、はじめてできることなのであります。

神は人間に何を要求するかと問われるならば、おそらくつぎのような、一つの広範な漠然《ばくぜん》とした意義表象が思い浮ぶでありましょう。すなわち歴史は、人間とはいかなるものであるか、またいかなるものでありうるか、何が人間から生れるか、人間はいかなることをなしうるか、ということが顕《あらわ》になる場所である、と。最大の危機でさえも人間存在に課せられた一個の課題なのです。高貴な人間存在の現実に関しては、単なる安全性の規準は通用しないのであります。

そこで歴史はいっそう重大な意義を有するのであります。すなわち歴史は神性の存在が顕になる場所であります。存在は他の人とともに人間のうちにおいて顕になります。と申しますのは、歴史においては、神は唯一《ゆいいつ》の独占的な方法によっては明らかにならないからであります。人間は誰でもその可能性に従えば、神と直接に関係しております。歴史的な多様性のうちには、絶対に代置できぬもの、絶対に導き出されえぬものの独自の権利が存立しているのであります。

このように歴史の意義に関する観念が漠然としているにもかかわらず、つぎのようなことが主張されます。すなわち、もし私がこの地上における完成として、あるいは、人間的状態のパラダイスとして、手につかむことのできる幸福を予想しようとするならば、何ものも期待されないが、神性に対する信仰によって開かれる人間存在の根底が問題とせられるならば、いっさいのことが期待される、と。私がそれを単に外部から期待するならば、何ものも望まれませんが、私が超越者の根源において私の心を開くならば、いっさいのものが有望となるのであります。

人類の統一　歴史の究極目標ではないが、それ自身が人間存在の最高の可能性に到達するための条件であると思われるようなある一つの目標は、形式的に規定されます。それは人類の統一という目標であります。

この統一が科学の合理的に普遍的なものによっては、到達されないものであることは確かです。と申しますのは、科学がもたらす統一は、単に悟性の統一だけであって、全体的人間の統一ではないからであります。そればかりでなく統一は、たとえば宗教会議において協議によって決定されるようなある一つの普遍的宗教において存在するものでもありません。またそれは健全な人間悟性の知性的な言葉の約束によって実現されているものでもないのです。統一はただ歴史性の深みから獲得されるだけであって、しかもそれは可知的・共通的内容として獲得されるのではなくて、最高潮に達したとき、純粋の愛の闘争となるところの閉鎖されることのない相互の語りあいとして実現せられるところの、歴史的に異なったものの無制限な交わりにおいてだけ獲得されるのであります。

この人間にふさわしい相互の交わりの前提となるものは、暴力のない場所であります。この場所を獲得するためには、現存在を基礎とした秩序の意味において成立する人類の統一が考えられます。そしてそれはすでに多くの人にとって努力の目標となっています。単に現存在の基礎に関係するだけで、共通的・普遍妥当的な信仰内容たることを要求しないこの統一の目標は、やむなき状況の助けを借りて、実際的な権力関係を媒介とする頑強《がんきょう》な精神的闘争にとって、まったくの空想だとは思われません。

万人に対して自由の機会を最高度にもたらすという理由によって、すべての人びとがそれに向って一致することができるような政治的形態は、この統一の一つの条件であります。法治国家はこの形態であって、それはヨーロッパにおいて原則的に熟慮を経たものでありますが、部分的に実現されているにすぎないものであります。それは選挙と法律による合法的なものであり、法的手続きによってだけ、法律の改正が可能となるものであります。ここで知性が闘い取ろうとするものは、正当な事柄の認識であるとか、世論であるとか、報道によってできるだけ多くの人にもっとも明晰《めいせき》な見解を与え、彼らを完全に指導することなどであります。

どんな国家にも絶対優越権を与えないで、むしろ法的秩序とその機能を有する人類にだけふさわしいような法の世界秩序によって、戦争の終結が達成されるでしょう。

しかし人間性が交わりを欲し、またたとえまだ適法的にはなってはいないが、いずれは適法的になるところの法的秩序のために、暴力の放棄を欲するとしても、このような心術の説得力からして未来を一義的に幸福だとみるところの楽天主義は、けっし

ります。

私たちの役には立たないのであります。むしろ私たちにはその反対へ走る傾向があります。

私たちに限らず、人間は誰でも自分のうちに我意や、自己を暴露しまいとする抵抗や、詭弁《きべん》――哲学でさえもこの詭弁によって隠蔽《いんぺい》に利用されるのですが――を見ます。また交わりのかわりに他者の排撃、権力欲や暴力欲、利得に対する盲目的な願望をかけた戦争の機会や、いっさいを犠牲にし、生命を賭《と》する野蛮な冒険などによる大衆の熱狂、を見ます。それに反して、大衆は断念・節約・忍耐・堅実な状態を築きあげるという地味な仕事、などにはあまり気が進まないことを私たちは知るのであります。ほとんど何の障害もなく、精神のあらゆる舞台を通過して、自分の道をむりやりに進んでいくところの情熱を私たちは見るのであります。

さらに私たちは、人間の特性を全然度外視していえば、あらゆる制度には除くことのできない不正が存するのを見るし、正当に解決することのできない状況が発生するのを見るのであります。これらはたとえば、人口の増加やその分布によって、あるいは万人が渇望《かつぼう》するにもかかわらず、分配することのできないようなあるものを専有することによって生ずるのであります。

したがって、何らかの形態で暴力がふたたび勃発《ぼっぱつ》する限界は、ほとんど取除くことができないように思われるのです。そこで、世界を統御するものは神なりや悪魔なりや、という問いがふたたび起きてくるわけであります。そして、しかし究極においては悪魔は神の下僕である、という不可解な信仰が存在するのであります。

歴史の克服　歴史は終末の期に到達したとき、ただ混沌《こんとん》だけをあとに残すかのように思われるのでありますが、もし私たちが孤独な人間として、このような歴史に当面して、私たちの生活が単なる瞬間へ解体し、支離滅裂となって、何らの関連もない偶然と厖大《ぼうだい》な数量の出来事の中へ陥っているのを見るならば、私たちはそこから飛躍して、あらゆる歴史を克服しようとするでしょう。

私たちは私たちの時代と状況を十分に自覚しなければなりません。およそ現代の哲学は、現代において一定の場所において自己が現存するというこの事実を開明することなくしては、生れることができないのです。しかし私たちが時代の制約のもとに立っているとしても、それだからといって、私たちはこの制約から哲学するのではなくて、常にそうであるように、包括者から哲学するのであります。私たちは私たちがあり能《あた》うところのものを現代へ転嫁《てんか》したり、現代に服従させたりしてはならないので、むしろ私たちは時代を開明することによって、私たちが深い根底から生きることができるところの場所へ、迫っていくことを試みなければならないのであります。

また私たちは歴史を神化してはならないのであります。私たちは、世界史は最後の審判なり、という無神的な言葉を承認する必要はないのです。世界史はけっして最後の法廷ではないのであります。挫折《ざせつ》はけっして、超越的な基礎をもつものとして現われるところの真理に対する反証ではありません。このような真理と交差した歴史を自己のものとすることによって、私は永遠性のうちに錨《いかり》をおろすのであります。

第十講　哲学する人間の独立性

独立性の喪失　全体的なものは、宗教的信仰として、万人に対して唯一《ゆいいつ》の真理を要求する場合もあり、また国家として、あらゆる人間的なものを権力的機構の中へ溶解することによって、もはや個人に属するものをいっさいあとに残さないで、自由な時間中における仕事でさえも、国家的意図の線に沿わねばならないというような場合もありますが、いずれにしても、人間の独立性はあらゆる全体的なものから非難されます。独立性はあらゆる現存在の氾濫《はんらん》する中において、類型的なものや、習慣や、無疑問的な自明性などによって、失われていくように思われます。

しかし「哲学すること」はあらゆる条件のもとにおいて、その内的独立性を闘い取ることを意味します。それでは内的独立性とは、どういうことでありましょうか。

古代末期における独立的な哲学者像　古代末期以後、独立的な人間としての哲学者像が生きています。この哲学者像は若干の特徴をもっております。この哲学者が独立的である第一の理由は、彼は無欲であり、物質的財の世界と本能の支配とから解放されているということであります。彼の生活は禁欲主義的なのであります。第二の理由は、彼はいろいろな宗教が教える恐ろしいたとえ話が虚偽であることを見抜いているから、彼には不安がないということであります。第三の理由は、彼は国家や政治に関与しない、彼はこの世から隠れて静かに生活し、何らの拘束も受けることなく、世界人として生きるということであります。いずれの場合においても、この哲学者は、泰然自若としてものに動じない境地に到達するために、絶対的に独立的な点を、あらゆる事物の外に立つ一個の立場を、信ずるのであります。

この哲学者は感嘆の的であるとともに、また疑惑の的ともなります。なるほど彼の現実は貧困・独身・無職・無政治的な生活、などの状態における非凡な独立性を、いろいろな形態において立証し、また外からやってくるあるものによって制約されないような幸福というものが、漂泊の意識と運命の打撃に対する無関心性の意識において生れることを立証するのであります。しかしこれらの形態の多くは、同時に、強い自負心や効果への意志を、またそれとともに誇りと虚栄心を、人間的なもののうちにある冷淡さや、他の哲学者たちに対する敵対的憎悪《ぞうお》を証拠だてるものであります。これらすべてのものにとって固有なことは教説のうちに存する独断的な態度であります。

独立性が純粋であることは非常にまれでありまするから、したがってそれは未熟な、しばしば滑稽《こっけい》な依存性として現われるのであります。

しかしここに聖書宗教と並んで歴史的に、可能的な独立性のある一つの源泉が存するのであります。これらの哲学者との交わりは、おそらく私たちが、人間は遊離という一個の孤立的な点を固執することはできない、ということを見ることによってこそ、まさに、本来の独立への意志を鼓舞するでしょう。このいわゆる絶対的な自由と称せられるものは、すぐに他の依存性へ逆転します。外的にはその承認が求められるような世界への依存性へ、内的には暗黒な情熱への依存性へ、逆転するのであります。古代末期の哲学者の方法ではだめなのであります。彼らは外観的にはある程度偉大であるにもかかわらず、自由を獲得するための闘争において、彼らはかえってこちこちに凝り固まった人間像や、内面のない仮面を作り出したのであります。

私たちは、独立性が絶対的だと見なされる場合は、この独立性は反対なものへ逆転するということを見るのであります。しかしどういう意味で独立性を闘い取ることができるかという問題になると、容易に答えられないのであります。

独立性は二義的である　独立性は二義的であって、この二義性はほとんど克服できぬものであります。つぎに二、三の例についてそれを見ましょう。

哲学は、特に形而上学《けいじじょうがく》として、その思惟《しい》活動を、いわば思惟の図形を、描きます。この図形を作り出すところの哲学者は、彼の無限の可能性によってこの図形以上のものであります。しかしそれと同時に、つぎのような問題が生じます。すなわち、人間は彼の思想の支配者であるのか、という問題です。と申しますのは、人間が神をもたず、したがって何らかの根拠と関係なくして自力で、自分が設定した活動規則に従い、この活動の形態の魅力に惹《ひ》かれて、彼の創造的活動を行うことができるか、あるいはそれと反対に、絶対的存在として常に非対象的＝非内容的に現象し、したがって無限に変化を求めるところのものを、人間は衣服や図形としての彼の言葉の中へ封じこめねばならないのでありますが、この人間が神と関係することによって、このような彼の言葉よりも優越的であるのか、そのいずれかであるからです。

この場合哲学する者の独立性は、彼が彼の思想を信条として、それにとらわれ、さらにそれによって、このような思想に服従せしめられるということなく、むしろ自己の思想の支配者となるという点に存するのであります。しかし自己の思想の支配者であるということは、常に二義的なのであります。すなわちそれは恣意《しい》における無拘束性を意味するのか、超越者における拘束を意味するのかということであります。

第二の例――私たちは自己の独立性を獲得するために、世界外にあるアルキメーデースの支点(二)を求めるのであります。それは真の探求ではあるが、しかしそこにはつぎのような問題があります。それは、アルキメーデースの支点とは、全体的独立性として人間をいわば神に化するところの外における存在なのか、それとも人間が本当に神に出会って、この世界において彼をはじめて独立的ならしめるところの、彼の唯一の完全な依存性を経験する場所としての外における支点であるのか、という問題なのであります。

この二義性によって独立性はともすれば、歴史的に実現される本来の自己存在への道とはならないで、かえって常に変じうるという無拘束として現われやすいのであります。そうだとすると自己存在は、そのつど演ぜられるところの単なる役割として見失われてしまいます。この外見的な独立性は、あらゆる欺瞞《ぎまん》的なものと同様に、果てしなき形態をとるものであります。たとえば――

あらゆる事物を美的態度において「見ること」が可能となります。この場合、これらの事物が人間であろうと、動物ないしは石であろうとかまわないので、それはおそらく幻覚の力によって可能となるのでしょう。したがってそれは、あたかも神話的な感覚の繰返しのようなものであります。しかしおよそ「見ること」はいわば《目ざめたままの死》(tot mit wachem Auge) であります。と申しますのは、それには生活に基づいた決断としての決定がなく、あらゆる生活の危険へかかわる心構えはあるが、しかし無制約的なもののうちに錨《いかり》をおろす心構えはないからであります。矛盾や不合理な事柄に対して無感覚にそして無制限な感覚的認識の欲望に駆られながら生活を送るのです。それは時代の抑圧下において、できるだけこのような抑圧からのがれて、自己自身の独自の意志と経験だけでもって切り抜けていこうとするところの生活であり、またそれは抑圧によるあらゆる困惑のうちにも、ある内的な確固不動なものを認め、見られたものを形態化することのうちに現存在の絶頂を見いだし、言葉を存在たらしめるところの生活であります。

この無拘束的な独立性は、自分自身から目をそらしたがるものです。「見ること」における満足は存在に対する感動となります。そして存在は、思弁的な文学の一種であるところのこの神話的な思惟において、顕《あらわ》になるかのように思われるのであります。

しかし存在は、単に「見ること」に没頭することによっては、顕になりません。どんなに真剣であっても、それが孤独な幻想であるかぎり、すなわちどんなに印象的な話し方や感動的な譬喩《ひゆ》であっても——知や告知のどんなに威圧的な言葉であっても——それが交わりを欠いた伝達であるかぎりは不十分であります。

存在そのものを所有するという欺瞞のうちには、人間をして自己自身を忘却させようとする努力が行われることがあります。このように存在の虚構においては、人間は消えてなくなるのでありますが、しかし隠れた不満があって、それが、実存が現在する場合においてだけ現実的となるところの、そして「存在するものを見、そしてやりたいと思うことをなす」という頽廃《たいはい》的な態度から自己を解放するところの、本来の真剣さを取戻す結果となることができるかぎり、このような虚構のうちには、常にそれと正反対の方へ向う素質が含まれているのであります。

無拘束的な独立性は、さらに気随な思惟においても現われています。無責任な対立行動は、欲するままにあらゆる立場をとることを許します。何かある方法を本当に遂行することなくして、あらゆる方法に通暁《つうぎょう》した人があります。心術において科学的でないのに、科学性の姿態を装《よそお》う人があります。たえず変ることにおいてあたかもプロテウス(二)のようで、つかみどころのないおしゃべりの人があります。このような人は本来何も語ったことはないのですが、何か重大なことを約束するかのように見えるのであります。思わせぶりな暗示だとか、ひそひそ話だとか、秘密をにおわすことなどによって、人は彼に惹き寄せられるのです。しかし本当の意味における討論は不可能であって、興味のある事柄にいろいろと尾鰭《おひれ》をつけて、おもしろおかしくしゃべりちらすことができるだけであります。人びとはみんなでとりとめもなく偽りの感動の中へ溶けこむことができるだけであります。

　無拘束な独立性は、この世の中に耐えられなくなったときに、つぎのような「何ものにも拘泥《こうでい》しない」という形で現われることがあります。すなわち、死は当り前のことだ、それはやってくるだけのことだ、何をそんなに騒ぐことがあるのだ、という態度であります。

人びとは生命力の快感によって生き、またこの力の障害の苦痛によって生きております。自然的な「宜《よろ》し」は、あるがままに感じそして生きることを許します。人びとは争わない。もはや何の報酬も求めない。温かい愛は可能であるが、しかしそれは時間・溶解するもの・まったく非永続的なものにまかせられています。無制約的なものは何一つ存在しないのであります。

人びとは何ものにもとらわれずに生き、何ら特別なことをしたいとも思わなければ、特別なものでありたいとも思わない。人びとは要求されたことや当り前のことだと思われることをします。悲愴《ひそう》は滑稽《こっけい》であります。人びとは日常的なものの共同体において相互扶助的であります。

どんな地平圏も、遠い彼方《かなた》も、過去も未来も、これらはもはや何ものをも期待することなく、ただ「ここ」と「今」において生きるところの、このような現存在の圏外におかれているのであります。

私たちが陥ることがあるかもしれない偽りの独立性には、多くの形態が存するということは、独立性そのものを疑わしいものとします。確実なことは、真の独立性を獲得するためには、単にこのような二義性の徹底的開明が必要なばかりでなく、あらゆる独立性の限界意識も必要だということであります。

独立性の限界　絶対的な独立は不可能であります。私たちは思惟においては、直観を頼《たよ》りとし現存在においては他人を頼りとします。この直観は私たちに与えられねばならないものであり、また私たちは他人との相互扶助によってはじめて、私たちの生活を可能ならしめるのであります。自己存在として私たちは他の自己存在を頼りとします。私たちはこの他の自己存在との交わりにおいて、はじめてともに本当の意味において自己自身となるのであります。孤立的な自由というものはけっして存在しません。自由が存在するところでは、それは不自由と闘います。そしてこの不自由が完全に克服されて、あらゆる抵抗がなくなったとき、自由それ自身が現われるでありましょう。

したがって、私たちが同時にこの世界内へ巻きこまれているかぎりにおいてだけ、私たちは独立しているのであります。独立ということは、私が世界を放棄するということによって、実現せられうるのではありません。この世界内において独立しているということは、むしろつぎのような世界に対する固有の関係を意味するのです。すなわちそれは、世界にかかわっているとともに、世界にかかわっていないということであり、世界の内に在《あ》るとともに、世界の外に在るということであります。それはつぎのような偉大な思想家の言葉において見られるように、どんなに意味は異なっていても、ある共通することであります。

　アリスティポスはあらゆる経験・享楽《きょうらく》・幸と不幸の状態に関して、私はそれをもつ、しかしもったということもないだろう、と語っています。パウルスは、現世の生活への必然的な関与に関して、あたかも関与しないかのごとく、関与せよ、と要求し、薄伽梵歌《バガヴァド・ギーター》(三)においては、仕事をせよ、しかし仕事の成果を求むるなかれ、といわれています。老子は、無為によってなせ、と要求しています。

　これらの不滅な哲学的信条は、どういうことを意味するかということは、説明を要することであります。しかも説明によってそう簡単には解決されないのです。そこでここでは、これらの信条は内的独立性を言い表わす様式であるということで、私たちは満足することにしましょう。世界から独立しているということと、何らかの形でこの世界のうちにおいて何ものかに依存しているということとは切り離すことのできない事柄なのであります。

独立性の第二の限界は、独立性はただそれだけのものとしては無意味なものとなるということであります。

独立性は不安からの解放として、幸不幸に対する無関心性として、単なる観照的思惟の惑いなきこととして、感情や衝動によって動かされないこととして、消極的に表現されました。しかしこの場合独立的となったものは、自我一般という単なる一つの点であるにすぎません。

独立性の内容は独立性自身の内から出てくるものではありません。それは素質や生命や血統などの力でもなく、権力意志でもなく、自己創造でもありません。「哲学すること」は、超越者による絶対的拘束と同一であるような、この世界におけるある独立性から生れ出るものであります。拘束のないいわゆる独立性なるものは、すぐに空虚な思惟となります。すなわちそれは内容に関係もなく、理念に関係することもなく、実存の基礎に立ってもいない形式的な思惟となるのであります。このような独立性は、特に否定的な、恣意《しい》となります。それは問いを指導し拘束する力なくして、いっさいのものを無造作に疑問に付するのであります。

これと対立するものは、つぎのようなニーチェの徹底した言葉であります。すなわち、神がいなくなったら、はじめて人間は自由になるだろう。なぜなら、神が存在するかぎり、人間は成長しないからである。というのは、堰《せ》かれない流水には力がないが、人間はいわば、この力なき流水のように、たえず神に流れこんでしまうからである、というのであります。しかしこれと同じ譬喩《ひゆ》をもって、ニーチェの言葉とまさに正反対のことが言われるに相違ないでしょう。すなわち、人間は神を見ることによって、単なる生命的な生起という無意味さへ向ってすらすらと流れこんでしまうことなく、かえって向上するのだ、と。

私たちの可能的な独立性の第三の限界は、私たちの人間存在の根本的性質であります。私たちは人間としてのがれることのできない根本的錯誤にとらわれています。私たちの意識が目ざめたそもそものはじめから、すでに私たちは欺瞞《ぎまん》に陥っているのであります。

聖書はこのことを原罪によって神秘的に説明しています。ヘーゲルの哲学においては、人間の自己疎外《そがい》が大規模に開明されています。キルケゴールは私たちのうちにある悪魔的なものをとらえてきて、人が絶望的に自分自身のうちにとらえられ閉じこめられていることを深刻に描いています。社会学においてはいささか粗雑にではあるが、イデオロギーに関して、心理学においては私たちを支配している観念複合体について、述べられています。

私たちは、本当に自分の独立性に到達するために、排除や忘却、閉鎖や隠蔽《いんぺい》、錯誤などを克服することができるでしょうか。パウルスは、私たちは本当に善であることはできぬ、と申しております。と申しますのは、知を欠くならば、善の行為は不可能であります。ところがもし私が私の行為が善であることを知るならば、すでに私は誇っているのであり、安心しているのだからです。カントは、私たちの善なる行為において、この行為が私たちの幸福をあまりひどくは傷つけないという隠れた動機をその条件としていること、したがってそれを不純ならしめていることを明らかにしました。私たちはこのような根源悪を克服することはできないのであります。

私たちの独立性はそれ自身すでに何らかの援助を必要とするものであります。私たちはただ努力することができるにすぎません。そしてそれによって私たちは、私たちを錯誤から解放してくれるものが——この世界においては目に見えなくても——不可思議な力をもって内面的に私たちを援助してくれるように願わねばならないのです。私たちの可能的な独立性はいつも超越者への依存性なのであります。

結論――今日独立性はどんなふうに見られるか

「哲学すること」の現在可能な独立性はどのように概括されるでしょうか。

どんな哲学の学派にも身を売らないこと、言表のできる真理をそれとして唯一《ゆいいつ》絶対のものと見なさないこと、自己の思想の支配者となること。

哲学の財産を積み重ねないで、進行としての「哲学すること」を深めること。

無条件的な交わりにおいて真理と人類性を闘い取ること。

あらゆる過去のものを学んで自己のものとし、同時代人の言に耳を傾け、あらゆる可能性に対して自己を開放することができるように努力すること。

そしてこの個人としてそれぞれ、自己自身の歴史性、この伝統、私が行なったこの行為へ沈潜し、私であったもの、私がなったもの、私に授けられるもの、を引受けること。

自己自身の歴史性を通して、たえず人間存在全体の歴史性の中へ、またそれとともに世界公民主義の中へ根を深めていくこと。

私たちはおよそ攻撃せられないような哲学者の存在をほとんど信じませんし、ストア学徒の安静の境地を信じません。また不動心をほしいとさえ思いません。と申しますのは、私たちを苦悩と不安に陥《おとしい》れ、存在するものを悲しみと喜びにおいて経験させるものが、私たちの人間存在そのものであるからです。そうでありますから、私たちが自己へ帰るのは、心情の動きを制圧することによってなされるのではなくて、この心情の動きへ拘束されつつそれから飛躍することによってだけ、行われるのでありま す。ですから私たちは、人間であることへの飛びこみを敢行しなければなりません。そしてそれによって、私たちの充実した独立性へ迫っていくために、できるだけのことをしなければならないのです。こうしてもし内的独立性として私たちから生れ出るものが私たちをとらえるかぎり、私たちは苦しくとも嘆かず、絶望するとも没落せず、動揺するとも転覆せしめられないでしょう。

しかし「哲学すること」はこのような独立性の学びであって、独立性を所有することではないのであります。

第十一講　哲学的な生活態度

客観的な秩序をもつ生活と個人としての生活

私たちの生活が散漫になって崩壊し去ってはならないとするならば、それは一定の秩序を保たねばなりません。私たちの生活は日常包括者によって荷負《にな》われ、努力や完成や高潮した瞬間などにおける成果において関連をもち、反復することによって深められねばなりません。そうしますと、いつも同じ仕事を繰返してやっているような単調な生活にも、ある一つの意義との結びつきを感じるような、ある一つの気分がしみとおるわけであります。こうして私たちは人知れず世界意識と自己意識のうちに隠れて存在し、私たちが生れついている歴史と私たち自身の生活とのうちに、想起と誠実さによって、私たちの地盤を得るのであります。

このような秩序は、個人が生れた世界のうちから個人に与えられます。また生から死に至るまでの大きな歩みや日常の小さな歩みを形成し、そしてそれに魂をしみとおらせるところの教会のうちから個人に与えられます。かくて個人は自分の周囲において日常自分の目にはいるもの、出現するものを、自分自身の自発性によって獲得するのであります。ところが伝統的なものがますます信ぜられなくなっているところの崩壊しつつある世界、また単に外的秩序として成立するだけで、象徴も超越者もなく、魂を空虚ならしめ、人間に満足を与えることなく、むしろ人間に自由を許すときは、彼自身を貪欲《どんよく》と倦怠《けんたい》、不安と無関心の状態に委《ゆだ》ねるところの世界は、これと異なっているのであります。そこで個人は自分自身を頼《たよ》りとするのです。哲学的な生活態度においては、人間はもはや環境が与えることのできないものを、自力によって築きあげようと努めるのであります。

暗黒・虚脱・自己忘却の状態からの脱出　哲学的な生活態度への意志というものは、個人が陥っている暗黒の状態から生れます。もし彼が愛なくしていわば虚無の中に茫然《ぼうぜん》としている場合は、この意志は虚脱状態から生れるのです。彼が突然目ざめ、驚き、そして、私は何であるか、私は何を怠っているのか、私は何をなすべきであるか、などと問う場合は、この意志はまったく本能の虜《とりこ》になってしまっている自己忘却の状態から生れるのです。

あの自己忘却は技術的な世界によって促されるのであります。人間は時間的組織のうちにおかれ、人間をしてますます人間的たらしめないところの搾取《さくしゅ》的な徒労な労働に配置されることによって自己忘却は極端になっていきます。そして人間は自分を機械の一部分、すなわちあちらこちらと置きかえられ、そして休止している場合は、何の役にも立たず、自分では何事も始めることができないところの機械の一部分だと感じるようになるのです。そして人間がやっと我へ帰りはじめると、この世界の巨人はふたたび人間を、空虚な労働と休み時間の空費という、いっさいを食いつくす機械装置の中へ引入れようとするのであります。

しかし自己忘却への傾向は、すでに人間そのもののうちに存するのです。だから世間や、習慣や、無反省な自明性や、固定された軌道などに迷って自分を失わないために、自己脱出が必要なのであります。

「哲学すること」は、根源を目ざまし、自己へ還帰し、内的行為においてできるだけ自らを助けるという決断であります。

日々の課題や要求に従うということは、もとより現存在においては、明らかにもっとも大切なことであります。しかしそれで満足しないで、単なる仕事や、目的物に没頭することがすでに自己忘却への道であり、同時に怠慢と罪であることを知ることが、哲学的な生活態度への意志なのであります。こうして幸運と侮辱、成功と断念、暗黒と混乱などの人間に関する経験が真剣に取上げられるのです。忘却でなくて内的に自己のものとすること、半途にして道をそれることでなくて内的に貫徹すること、片づけることでなくして徹底的に開明すること、これが哲学的な生活態度なのであります。

このような哲学的な生活態度はつぎの二つの道をとります。あらゆる種類の反省を通じてなされる孤独な思弁と、共同活動・共同討議・お互いの沈黙、などにおいて行われるあらゆる種類の相互理解による人びとの交わり、がそれであります。

思弁　私たち人間は不可避的に日々深い内省の瞬間に見舞われるのであります。私たちの心が不可避的に日常のことにわずらわされて散漫になっていることによって、根源の現在することがまったく見失われることのないように、私たちは自己確認するのであります。

宗教が礼拝や祈禱《きとう》において行うものは、表現的な深化によって、自己のうちで存在そのものへ帰ることによって、哲学と類似点をもっております。それは、私たちがこの世界のうちにあって世間的な目的に心を労しないで、しかも空虚であることなく、むしろ、朝であると夕べであると昼であるとを問わず、本質的なものに触れる刹那《せつな》刹那において生ずるのであります。

哲学的な内省は宗教的なそれと異なって、神聖な対象物、神聖な場所、一定の形式などをもっていません。私たちが哲学的内省のために自分に課する定めは規則とはなりません。それは自由な活動の可能性であります。反省は宗教団体におけるのとは異なって、孤独なものであります。

このような内省の可能的な内容はどんなものでありましょうか。

第一、自己反省。私は私が一日のうちに行なったり、考えたり、感じたりしたことを心に思い浮べます。私は、自分が自分に対して誠実でなかったり、ものを回避しようとしたり、不正直であったりした場合、何が誤りであったかを吟味します。私は自分を是認する場合と自分を越えようとする場合を見ます。私は意識的に自分で自分をコントロールします。そして一日じゅうそれを続けて怠ることがありません。私は自分について判断します。ただしそれは私の個々の態度に関してであって、全体的なものとしての私に関して判断するのではありません。私は全体者として存在しますが、それは私自身にとって理解できないものであるからです。私は自分が従いたいと思うような原則を発見します。私はおそらく、怒りや、絶望や、倦怠や、その他の自己虚脱状態にある自分に言って聴かせようと思う言葉を、いわば自分を想起させる呪文《じゅもん》（たとえば、抑制せよ、他人のことを考えよ、待て、神が存在する）を、自分で決めます。私は、ピュータゴラース学派からストア学徒やキリスト教徒を経てキルケゴールとニーチェに至るまでの伝統から学びます。この場合彼らは私たちの自己反省を求め、彼らが完全なものではないということ、そればかりでなく、彼らは無限に人を欺《ぎ》瞞《まん》することがあるものだということを、私たちは、同時に経験します。

第二、超越的内省。哲学的な思想の歩みを手引きとして、私は本来の存在あるいは神性を確認します。私は詩や芸術を助けとして存在の暗号を読みます。私は存在の暗号を哲学的な表現を通じて理解します。私は時間内における超時間性や永遠性を確認しようと努めます。私は私の自由の根源に触れ、そのことによって存在それ自身に触れようと努めます。私はいわば「創造に与《あずか》り知ること」の根拠へ迫っていこうと努めます。

第三、現在何が行わるべきかということを私たちは内省します。私の思惟《しい》がどうにもならないほど強く目的に支配されて、そのために私が包括的意義を失うような場合には、私自身の生活が共同体の中にあることを想起するならば、それは、現代の課題が日常の瑣細《ささい》な事柄に関してまで明らかになるための背景となるのであります。

交わり（Kommunikation）　私が内省によって自分だけのものとして獲得する

ものは――もしそれがすべてであるなら――獲得しなかったのと同じことであります。交わりにおいて実現されないものは、いまだ存在しないものであり、究極において交わりに基礎をもたないものは、十分な根拠をもたないものであります。真理は二人から始まるのです。

それゆえ哲学は、たえず交わりを求めること、逡巡《しゅんじゅん》することなく交わりを敢行すること、たえず異なった装《よそお》いを凝らして自分を押しつけようとする強情な私の自己主張を放棄すること、このような放棄によって幾度と知れず繰返して、私が私に授けられるという希望をもって生きること、を要求するのであります。

したがって私はたえず自分を疑わねばなりません。また安心してもいけませんし、私を信頼できるものとして照らし、真理として評価するところの、私のうちにおける誤った確固たる支点を固執してもなりません。このような自信は不誠実な自己主張のもっとも陥りやすい形態なのであります。

内省の成果　私が自己反省・超越的内省・課題の闡明《せんめい》というこの三様の形態において内省を行い、そして無拘束な交わりに対して自己を開くならば、私が強要してもけっして得ることのできぬことが、すなわち私の愛の明瞭性《めいりょうせい》、ひそかなそして常に不確実な神性の要求、存在の啓示、またそれとともにおそらく、私たちの生活のたえざる不安のうちにおける安心、恐ろしい不幸が生じた場合でもなお失われないところの事物の根拠に対する信頼、情念の動揺においても惑うことなき決断の不動性、この世界の刹那的な誘惑に負けない信頼のできる忠誠、などが無限に顕《あらわ》になるのです。

私は包括者によって生き、かつよりよく生きることができるのですが、私が内省においてこのような包括者を覚知するならば、この内省は無限の活動において、また技術的装置へ心を奪われているときでも、終日私をささえてくれる根本的気分として光を放つでしょう。と申しますのは、一日のあらゆる気分や動揺の背後においてなお現在していて、人の心を引締め、私が道を踏みはずしたり、迷ったり、激情に駆られた場合でも、なお私をしてまったく底なしへ没落させてしまうことのない根本的態度が獲得せられるということが、私がいわば私へ還帰する瞬間の意味であるからです。またこのような瞬間によって、想起と未来とが現在的なものにおいて同時に関連し持続するあるものとなるからです。

こうして「哲学すること」は生の学びであるとともに死の学びであります。時間における現存在が不確実であるために、生きることは常に実験なのであります。

この実験において重要なことは、あえて生活の中へ飛びこんで極端なことにも身をさらすことであり、また自分を覆《おお》い隠すことなく、見ること、問うこと、答えることにおいて、どこまでも正直であることであります。そしてさらに重要なことは、全体者を知ることなく、本来的であるものを手につかむことなく、誤った論争や偽りの経験によって、いわば、客観的に世界の中から超越者を直接にのぞき見ることを許すところののぞき穴を見いだすことなくして、自己の道を進んでいくことであり、一義的・直接的に私たちに聞えてくるような神の言葉でなくして、むしろ事物の常に多義的な言葉としての暗号に耳を傾け、しかも超越者が存在することの確信をもって生きることであります。

そこからしてはじめて、この疑惑に包まれた現存在において、人生が善となり、世界が美となり、現存在そのものが充実したものとなります。

哲学が死の学びであるとしたら、この死の能力こそまさに、正しく生きることの条件であります。生の学びと死にうることとは同じことなのであります。

思想の力

内省は思想の力を教えます。思惟は人間存在のはじめであります。対象についての正しい認識において、私は合理的なものの力を知ります。数学的な計量においても、自然についての経験的知においても、技術的計画においても、同様であります。推論的論理学の強制力・因果的な洞察《どうさつ》・経験的把握《はあく》、これらは方法が純粋になればなるだけそれだけ強大になります。

しかし「哲学すること」は、この悟性知の限界において始まるのです。目標や究極目的の設定とか、最高善や人間的自由の認識などという、私たちにとって本来的に重要な事柄に関する場合露呈せられる合理的なものの無力さは、悟性の手段を用いながら、悟性以上のものであるような思惟を目ざめさすのであります。したがって「哲学すること」は、自分を燃えあがらすために、悟性認識の限界へ迫っていくのでありま す。

いっさいのものを概観しようと思う者はもはや哲学しない者であります。科学的精通によって得た知識をもって、存在そのものと存在全体の認識だと見なす者は、科学的迷信にとらわれた者です。もはや驚きを感じない者は、もはや問わない。もはや秘密のあることを知らない者は、もはや探求しません。「哲学すること」は、知的可能性の限界における徹底的に謙虚な態度をもって、知の限界において知られないものとして現われるものに対して、心がまったく開かれていることを知っています。

この限界において認識は停止しますが、しかし思惟は停止しません。私は自分の知識をもって、それを技術的に応用して外面的に行為します。しかし無知においては、私が自分を変化さすようなある内的行為が可能であります。ここにおいてある異なった、いっそう深刻な思想の力が現われるのです。このような思想はもはや自分を離れて何らかの対象を目ざしていくものではなくて、私の本質のもっとも深い内面において行われるところの、思惟と存在を一つにする行動であります。この内的行為として の思惟は技術的なものの外的な力に即してみますと、無のようであります。それは知の応用としては獲得されないものであり、企図や計画に従ってはなされないものです。しかしそれは本来的に明晰《めいせき》となることであるとともに、本質的になることであります。悟性、知性は、対象を決定し、存在者の緊張状態を発展させ、また悟性によってとらえられないいっさいのものをも、はじめてそれ自身として強力ならしめ明瞭《めいりょう》ならしめる偉大な拡大者なのであります。悟性の明晰さは限界の明晰さを可能にし、思惟であるとともに行動であり、内的行為であるとともに外的行為であるところの本来的な衝動の覚醒者《かくせいしゃ》となります。

人は哲学者に対して、哲学者というものは自分の学説に従って生きるべきであると要求します。しかしこの言葉は表現が拙劣なのであります。と申しますのは、たとえば事物が経験的に認識された諸々《もろもろ》の類概念のもとに包摂されたり、事実が法的規範のもとに包摂されたりするように、実在的な現存在の個々の場合を、自己のもとに包摂することのできるような法則の意味における学説を、哲学者はもたないからであります。哲学的な思想は応用されません。むしろそれは、人間自身はこの思想を遂行することにおいて生きるとか、生活は思想をもって貫かれている、などという言葉で示されうるところの現実なのであります。したがって（人間と彼の科学的認識とが可分的であるのに反して）人間性と「哲学すること」とは不可分であり、ある一つの哲学的思想について考えるというだけでなく、この思想によって同時に、この思想を生んだ哲学的な人間性を覚知することが必要であります。

錯倒　哲学的な生活は常に錯倒――哲学的な命題それ自身がこの錯倒を弁護するために利用されるのですが――に陥って崩壊する危険に脅《おび》やかされています。現存在的意志の要求は実存開明の形態の仮面をかぶります。すなわち――

安静は消極性に変じ、信頼はあらゆる事物の調和に対する欺瞞的な信仰に変じ、「死ぬことができること」は世界逃避に変じ、理性はいっさいを放任するという無関心性に変じます。最善のものが最悪のものに変ずるのであります。

交わりの意志はつぎのような矛盾的な仮面によって欺《あざむ》かれます。すなわち人は保護されることを欲しながら、じつは徹底的な自己開明による絶対的な自己確認を執拗《しつよう》に要求してやみません。人は自分が神経質である点に対して許しを請《こ》いながら、じつは自分が自由であることを承認してくれと要求しているのです。人は一方ではどこまでも交わりを願っている旨《むね》を表明しながら、他方では、用心したり、沈黙したり、ひそかに防禦《ぼうぎょ》したりします。当面の本題について論じているつもりが、じつは自分のことを考えてものを言っているのであります。

自分のうちにあるこれらの錯倒を見抜き、それを克服しようとする哲学的な生活は、自分が不確定な状態にあることを知っています。と申しますのは、それは常に批判を待ち設けており、敵を求め、問われることを欲しており、服従するためにではなくて、自分自身の徹底的な自己開明によって前進への刺激を受けるために、聴くことを欲しているからであります。もし交わりによる開放性と率直さが存在していたならば、哲学的な生活は、他者と一致することによって、真理を見いだし、求められずして確証を見いだすのであります。

それだけでなく「哲学すること」は、たとえそれが交わりに対する信仰によって生き、またあえてそれを目ざして生きるとはいえ、完全な交わりの可能性を確実視するわけにはいきません。人は交わりを信じることはできますが、それを知ることはできないからです。人がそれを所有していると思うとき、それは失われていたのです。

と申しますのは、「哲学すること」がけっして究極決定的なものとして認めることのできないところの、恐るべき限界が存在するからであります。そしてこの恐るべき限界と申しますのは、「忘却の中へ沈ませるということ」、「徹底的に開明されぬものの存在を許し、承認するということ」であります。ああ、なんと私たちは非常に多くのことを語ることでしょうか。しかし重大なことはきわめて単純であって、普遍的な命題としてこそ表わされませんが、具体的な状況に対する標識として表わされるものであります。

錯倒、それに、混乱や紛糾が起る場合は、現代人は精神科の医師の診断を求めます。これ実際において私たちの精神的態度と関係する肉体的病気や神経病が存在します。これらのものを理解し、知り、それを取扱うことは、実際的な行動に属することでありま す。医師が批判的な経験に基づいて現実にあることを知り、なし能《あた》う場合に、人間の立場における医師の審判を回避しようというのではありません。しかし今日精神療法の地盤においては、もはや医学の地盤における医術的なものではなくて、むしろ哲学的であり、したがってまた、あらゆる哲学的な努力と同様に、道徳的・形而上学《けいじじょうがく》的な吟味を必要とするところのあるものが生れているのであります。

目標　哲学的な生活態度の目標は、到達可能な、したがってまた完成されるような状態として定形的に表現されないものであります。私たちの状態は私たちの実存のたえざる努力やその断念の現象であるにすぎないのです。私たちの本質は「途上にあること」なのです。私たちは時間の中を突進しようとするのです。それはつぎのような両極性においてのみ可能であります。

自己の歴史性の「この」時間において実存することによってだけ、私たちは永遠の「今」を経験するのです。

「この」形態としてそのつど規定された人間としてだけ、私たちは人間存在そのものを確認するのです。

自分自身の時代を、私たちの包括的な現実として経験する場合においてだけ、私たちはこの時代を歴史の一なるものにおいてとらえ、そしてこの歴史において永遠性をとらえるのであります。

飛躍によって、私たちは私たちの諸状態の背後において、いっそう明白になった根源に——ただしたえざる暗黒化の危険にさらされながら——触れます。

この哲学的生活の飛躍は、常に「この」人間の飛躍であります。彼はどこまでも交わりの内にある個人として行動しなければなりません。と申しますのは、交わりにおいては、他者へ押しやるということがないからであります。

飛躍することは、ただ私たちの生の歴史的に具体的な選択行為によってだけできるのであって、命題として伝達される、いわゆる世界観の選択によってできるのではありません。

時間内における哲学的状況は、結局つぎのような譬喩《ひゆ》として特徴づけられるでしょう。

哲学者は、実際的な経験や特殊科学や範疇論《はんちゅうろん》や方法論などの大陸の確実な地盤の上で定位し、そしてこの大陸の果てにおいて、静かな軌道に乗って理念の世界を通過したあとで、最後に大洋の岸に着きます。そしてそこで蝶々《ちょうちょう》のようにひらひらと舞いあがって海洋に出て、一艘《そう》の舟を捜し出し、それに乗って、自己の実存において、超越者として顕現するところの一なるものの探究を目ざして探検旅行に出ようとするのであります。彼は哲学的思惟《しい》と哲学的な生活態度の方法としてのあの舟を捜します。そして彼はその舟を発見しますが、究極決定的にそれを獲得しません。そして彼は非常に苦労し、おそらく奇妙なほどふらふらになるでしょう。

私たちはこのような蝶々なのです。そしてもし私たちが確固たる大地によるところの定位を放棄するならば、私たちは没落するでしょう。しかし私たちはいつまでもそここにとどまることに満足しません。ですから私たち蝶々は非常に不確定で、大地の上に安全にすわって満足している人びとから見るとおそらくたいへん滑稽《こっけい》でありましょう。彼は不安をとらえたあの人びとにとってだけ理解されるのであります。彼らにとっては、世界はあの飛躍の出発点となるのです。そしてこの飛躍こそはいっさいのものにとって重大なことであり、人は誰でも自己自身のうちからその行動を起し、そして共同的にそれを敢行しなければならないのです。またそれはそのもの自体としては、けっして本来の教説の対象とはならないものなのであります。

第十二講　哲学の歴史

哲学と教会　哲学の研究　哲学は宗教と同じ程度に古くから存在しておりますし、すべての教会よりはもっと古くから存在しております。哲学はその孤独な人間としての気高さと純粋さによって、またその精神の誠実さによって、必ずしもそうとはいえないが、しかしたいがいは、哲学が他者として肯定する教会的世界に匹敵したのでした。しかし哲学は教会的世界に比べると、固有の社会学的形態を欠くために無力であります。それはこの世における権力の偶然的な保護を受けて生きることもあるし、教会の保護を受けて生きることもあります。哲学は、客観的な仕事をするためには、幸福な社会的状況を必要とします。哲学固有の現実はあらゆる人に、あらゆる時に、開放されております。それは人間が生きるかぎり、何らかの形態であまねく現在しています。

教会は万人にとって存在し、哲学は個人にとって存在します。教会はこの世における人間大衆の明らかな権力的組織であります。哲学は、排斥したり許容したりするこの世の審判所を要しないで、あらゆる民族と時代を通じて相互に結びついた精神の王国の表現であります。

教会が永遠者に結びついているかぎり、同時にその外的権力は、魂のもっとも内面的なものによって充実されています。それが永遠者をこの世における自己の権力の具に供すれば供するほど、この権力はそれだけ不快なものとなって現われ、そしてあらゆる他の権力と同様に邪悪なものとなります。

哲学が永遠の真理に触れるかぎり、それは人を鼓舞して強制することなく、魂にそのもっとも内面的な根源からの秩序をもたらします。しかし哲学は、その真理を有限的な権力の具に供すれば供するほど、それだけ現存在的関心における自己欺瞞《ぎまん》と魂の無政府へと陥ります。哲学が究極において科学以上のものであることを欲しなければ欲しないほど、それは科学でもなければ哲学でもない一種の遊び事のような空虚なものとなります。

独自の哲学はおのずからにして人間に与えられるものではありません。哲学に生れついている者は一人もありません。哲学は常に新しく獲得されねばなりません。哲学へは、それを自己自身の根源から探知する人によってのみとらえられるのです。哲学の最初の一瞥《いちべつ》が各人の心に火を点じます。そしてこの哲学による点火に哲学の研究が続くのです。

哲学の研究にはつぎのような三つの仕方があります。すなわち、実践的に毎日内的行為において、即物的に科学・範疇《はんちゅう》・方法・分類法の研究を通じて内容的経験として、歴史的に哲学的伝承を自己のものにすることによって。教会における権威に当るものは、哲学するものにとっては、哲学の歴史の内から彼に語りかける現実であります。

哲学的現象の多様性　もし私たちが現代において「哲学すること」に関する自己本位の興味からして、哲学史に向うならば、私たちには広い視圏をもつことはできません。

哲学的現象は驚くほど多様であります。ウパニシャッドはインドの郊外や森の中で、世間から離れて、孤独に、あるいは親密な師弟同業によって思索されたものであります。カウティリアは一国を建設した宰相として思索しました。孔子は彼の民に教養と真の政治的生活を復活させようとした師表として思索し、プラトーンは貴族として、彼の属する国家において、彼の血統によって彼に定められていた政治的活動が、彼の国家の道徳的頽廃《たいはい》のために阻止されたかのように思われるのでありますが、彼はこのような貴族として思索し、ブルーノ、デカルト、スピノザは、孤独な思索によって真理を闡明《せんめい》しようとする自立的人間として、アンセルムスは教会的＝貴族的生活の共同建設者として、トマスは教会の一員として、司教ニコラウス・クザーヌスは彼の教会生活と哲学的生活とを統一することにおいて、マキアヴェルリは政治的失敗者として、カント、ヘーゲル、シェリングは教師として、教師の仕事と関連しながら、それぞれ思索したのであります。

私たちは「哲学すること」が、それ自体にまた本質的に、教師の仕事であるという観念を払拭《ふっしょく》しなければなりません。哲学は、いかなる条件のもとにあると、いかなる状態にあるとを問わず、奴隷《どれい》たると支配者たるとを問わず、あるがままの人間に関する問題であります。私たちは歴史的現象として現われた真なるものを、それが発生した世界において、またそれを思惟《しい》した人びとの運命と関連して、はじめて理解するのです。それらの真理現象が私たちのそれと遠く隔たったものであり疎遠《そえん》なものであるならば、まさにそのことによって、これらの真理現象は私たちを啓発するようになるのです。私たちは哲学的思想や哲学者を、その肉体的な現実のうちに捜し出さねばならないのです。真なるものは抽象の空気のうちで遊離して、単独に、独《ひと》り立ちで浮んでいるのではありません。

ある作品を、またそれとともに、この作品が発生した世界をあわせて徹底的に研究することによって、できるだけそれに精進する場合、私たちは哲学史に触れることができるのです。

しかしそこから私たちは、「哲学すること」の歴史的全体を組織的に私たちの眼前にくりひろげるところの景観を求めます。それはもとより不確実ではありますが、広い空間における定位への手引きとして求めるのです。

哲学史の総括的概観

二千五百年にわたる哲学史の全体は、あたかも人間自覚の一大瞬間のようなものであります。それと同時にこの瞬間は無限の討論であり、相互に打ちあう力、解決不可能に思われる疑問、価値のある著作やくだらない著作、深い真理や誤謬《ごびゅう》の渦巻、などを示しています。

哲学史的な知識によって、私たちはそれぞれの哲学思想にその歴史的地位を与えるところの一つの枠《わく》としての図式を求めます。ただ一つの哲学の世界史だけが、どのようにして哲学が、種々異なった社会的・政治的・個人的状況のもとにおいて、歴史的に現われたかということを示すのであります。

中国・インド・西洋においてそれぞれ独自の思想的発展が見られます。ときとして結びつくことがあっても、この三つの世界はキリスト誕生のころまでは、非常にはっきりと分離していました。そのためこの三つの世界はそれぞれ自己のうちから理解せられねばならないのであります。後になってキリスト教が西欧へ影響を与えたのと同様に、インドに生れた仏教が中国に対して強く影響を与えているのであります。

三つの世界においてその発展は類似の線を描いています。史実的に解明することが困難な有史前の時代の後、枢軸《すうじく》時代（紀元前八〇〇―二〇〇年）において、いずれも根本思想が発生しております。その後これらの根本思想は崩壊して、偉大な解脱《げだつ》宗教が確立され、さらに革新が繰返され、ついで体系的に企画された総括的な体系（スコラ哲学）および特に荘重な形而上学《けいじじょうがく》的意味をもつ徹底した論理的思弁がそれに続くのであります。

この三様の史的発展の同時的な類型的構成は、西洋においては第一に、はるかに強力な、精神的危機と発展に関する自己革新的な運動によって、第二に、思想を表現する言語と民族の多様性によって、第三に、科学の独特な発展によって、その特色をもつのであります。

西洋哲学は歴史的に四つの継次的な分野に分たれます。

第一　ギリシア哲学。この哲学は神話からロゴスへの道を歩んで、西洋の根本概念を、すなわち存在・世界・人間の全体的考察に関する諸範疇と可能的な根本的立場を創造しました。また私たちは単純なものを自分の身につけることによって明晰性《めいせきせい》を保たねばならないのでありますが、ギリシア哲学はこのような単純なものの典型的な世界であります。

第二　キリスト教的＝中世哲学。この哲学は聖書宗教からその思想的理解に至るまでの、すなわち啓示から神学に至るまでの道を歩むものであります。中世哲学においては単に保守的・教育的なスコラ哲学が生れただけではありません。特にパウルスやアウグスティーヌスやルターのような独創的思想家によって、本来宗教と哲学とが一つになっているような一つの世界が明らかにせられました。私たちにとって残されていることは、この広範な思惟の領域において、キリスト教的神秘の生命を保持することであります。

第三　近世のヨーロッパ哲学。近世のヨーロッパ哲学は、近代自然科学およびあらゆる権威に対する人間の新しい人格的独立性とともに発生しました。この新しい道の代表者は、一方ではケプラーとガリレオであり、他方ではブルーノとスピノザであります。ここで私たちに残されていることは本来の科学の意義の確認――それは同時に最初から錯倒されていたのでありますが――および魂の人格的自由の意義の確認であります。

第四　ドイツ観念論の哲学。レッシングとカントから始まってヘーゲルとシェリングに至るまでに、その思弁的な深さにおいておそらくは、それまでヨーロッパにおいて思惟せられたことのあるあらゆるものを凌駕《りょうが》しているところの一筋の哲学者たちの道が通じています。彼らは、大いなる国家・社会・現実の背景をもたず、隠れた個人的生活において、歴史と宇宙の全体によって充実せられ、思想の思弁的技術と人間的内容の幻想とを豊かにもって、現実的な世界をもたないが、世界を包んだ偉大な作品を建設しました。ここで私たちに残されていることは、彼らなくしてはおそらく失われるだろうと思われるところの、可能的な深さと広さを彼らのうちにおいてとらえることであります。

十七世紀になるまで、否《いな》それよりももっと後になるまで、ヨーロッパのすべての思惟は古代・聖書・アウグスティーヌスの指導下にあったのです。それが徐々に終ったのは十八世紀以後であります。人びとは誤って、歴史なくして自分自身の理性の基礎の上にだけ立つことができると思っていました。伝統的な思惟が原動力として消失したのに反して、哲学史に関する学問的・史実的知識のほうは増加しました。ただしそれはきわめて狭い範囲に限られていたのです。昔に比べますと、今日では私たちはあらゆる伝統的な思惟をいっそう容易に学ぶことができますし、著書や辞典類によって自由に知ることができるのであります。

二十世紀以後、散漫な技術的知識や能力・科学的迷信・妄想《もうそう》的な現世的目的・消極的な無思想性などのために、あの千年にわたって築かれた基礎がますます忘却されてきたのであります。

すでに十九世紀の中ごろから終末の意識と、今後いかにして哲学が可能なりや、という疑問が現われているのです。西洋諸国において連綿として続いてきた近世哲学も、大いなる遺産の土地を耕してきたドイツの教壇哲学も、哲学の一千年にわたる現象形態の終末を糊塗《こと》することはできなかったのであります。

画期的な哲学者はキルケゴールとニーチェであります。彼らは、かつて存在したことのなかったような、明らかに現代の危機に即応して現われた独特の人物であります。精神的には彼らと遠く隔たっているが、その大衆的影響力においてあらゆる人を凌駕するところのマルクスもまたこのような哲学者であります。

もっとも深い根源に到達するためにいっさいのものを疑問とし、技術的時代によって徹底的に変革された世界のうちにあって、自由に実存・無制約者・現存性を洞見《どうけん》することができるために、いっさいのものを振捨てるような極端な思惟が可能となるのであります。

哲学史の構造　以上のような概観は哲学史全体をながめることによって描かれます。しかしそれは表面的であります。人はいっそう深い全体的関連を感得したいと思うでしょう。そこでたとえばつぎのような問題が探求せられるのです。

第一　哲学史の統一に関する問題。この統一は事実でなくて理念なのであります。私たちはこのような統一を求めますが、しかし到達できるものは個々の統一であるにすぎません。

私たちは何か個々の問題の展開を見ます（たとえば、身心の関係の問題）。しかし歴史的な事実は一時的に、ただある程度だけ、思想的に首尾一貫した構成と一致するだけであります。いろいろな体系的系列が示されます。たとえば、最初はドイツ哲学が、後にはすべての哲学が、ヘーゲルを目標として構成され、あたかもヘーゲルから見られたような構造をもつようになったかのようであります。しかしこのような構成は強制されたものであって、それ以前の哲学のうちでヘーゲル的思惟にとって致命的であるものを無視しています。したがってそれはヘーゲル的思惟にとっては存在しないものと見なされるのであります。そこでこのような構成は、他の思惟にとってはまさしく重要であったところのものを排除するのです。いろいろな立場の意味深い首尾一貫した系列としての哲学史の構成は、けっして歴史的事実と合致しないのであります。

ある一つの統一的企画の構成的な枠はいずれも、個々の哲学者の独創性によって打破られるのです。証明することのできる関連に実際に結合せられているものの中にも、なお比較を絶した偉大なものが存しています。そしてこの偉大なものは常に一つの奇《き》蹟《せき》のように、理解できる発展と対峙《たいじ》しているのであります。

哲学史の統一の理念は、自己自身のうちに関連を有する一個の生命として歴史的に、自己の機関と形態、自己の衣服と道具を創造しますが、しかしそれはこのようなものとしては現われることのないところのあの永遠の哲学を現わそうと願うものであります。

第二 始源とその意味に関する問題。始源とは時間のうちにおいてあるとき始まるところの思惟であり、根源とはいかなるときも根底に存在している真なるものであります。

私たちは常に、思想の誤解や錯倒から根源へ帰ってこなければなりません。自己自身の根源的な「哲学すること」へ到達するために、古来から伝えられてきた価値のある原典を手引きとして、この根源を探求するかわりに、たとえば、最初のソークラテース以前の哲学者たちや、原始キリスト教や、原始仏教などにおいて見られるように、時間的な意味での始源において根源が見いだされるという取違えが起ります。常に必然的な根源への道は、誤って始源の発見への道という形態をとるのです。

私たちにとってなお到達することのできる始源は、深い魅力をもっているには相違ありませんが、絶対的な始源というものは実際には見いだされえないものであります。私たちの伝承にとって始源であるものは相対的な始源であって、それ自身すでにいろいろな前提から生じた結果であったのです。したがって古来から伝えられてきた純粋な原典のうちに現実的に現存するものを固執することが、歴史的描写の一つの原則となっているのであります。歴史的な見方は保存せられたものへの沈潜だけを認めるのです。失われたものを補塡《ほてん》してみたり、それに先行するものを組み立ててみたり、間隙《かんげき》を埋めてみたりすることはむだな労力であります。

第三　哲学における発展や進歩に関する問題。哲学史においては、たとえば、ソークラテースからプラトーンやアリストテレースに至る道とか、カントからヘーゲルに至る道とか、ロックからヒュームに至る道とかのように、いろいろな形態の系列が観察されます。しかしもしこのような系列について、後世の哲学者がそれ以前の哲学者の真理を保存し、かつそれを越えているなどと考えられるならば、それはすでに誤りであります。そのつど新しいものは、たとえこのような関連した時代的系列のうちにあるものだとしても、先行する者から理解されるわけではないのです。先行する者のうちにある本質的なものが放棄されることが、否、もはや理解さえされないことが、しばしばあったのです。

しばらくの間継続して、おのおのの哲学者が参加して自分の言葉を語るところの精神的交流の世界が存在します。たとえば、ギリシア哲学・スコラ哲学・一七六〇年から一八四〇年までの《ドイツの哲学運動》はそれであります。根源的な思索の活潑《かっぱつ》な協力の時代が存在します。さらにこれと異なって、哲学が教養的現象として続けられた時代や、哲学がほとんど消滅したように思われる時代が存在します。

哲学の全体的発展を進歩の過程としてながめることは誤りであります。哲学史はそれがもつ最高の作品の独自性と一回性によって、芸術史に似ています。哲学史においては、たえず増加する範疇《はんちゆう》と方法がいっそう意識的に使用されるところの道具であるという点において、それは科学史に似ています。哲学史は、一個の思想的に言表される根源的な信仰態度の系列であるという点で宗教史に似ています。

哲学史にもまたその独創的な時代があります。しかし哲学はどんなときでも一個の人間的本質の姿であります。他の精神史と異なって、いわゆる没落時代において突然第一流の哲学者が出現することがあります。第三世紀のプローティーノス、第九世紀のスコートゥス・エリウゲナは孤立的人物であり、一回的な絶頂であります。彼らは彼らの思想の材料に関しては伝承と関係していますし、おそらくすべての個々の思想に関しては、この伝承に依存しているでしょう。しかし全体としては、思惟《しい》の新しい偉大な根本的規定をもたらすものであります。

そうでありますから、哲学においては、その本質に関するかぎり、哲学は終った、ということは絶対に許されないのです。あらゆる終末において、おそらく哲学は常に、各個人の現実の思惟として存しているのであります。哲学は精神的に貧弱な時代から生れた隠れた作品としても、計ることができぬほど多数に存在しています。哲学は宗教のようにどのときにも存在しているのであります。

それゆえ哲学史を発展的に見ることもまた、単に一つの非本質的な見方であるにすぎません。と申しますのは、偉大な哲学というものはいずれも自身において完結していて、歴史的にいっそう広範な真理とは関係なく、全体的・独立的に生きているからであります。科学が歩む道は、一歩一歩が進歩であるような道なのです。哲学は、その意味に従えば、それぞれの個人として全体的とならねばなりません。ですから、一つの過程における歩みとして、すなわち予備的段階として哲学者を段階的に決定することは矛盾であります。

第四　位階における問題。「哲学すること」は個々の哲学者と典型的な時代観に関してある位階を意識するようになります。哲学史は、無数の同等な資格をそなえた作品や哲学者が水平的に並んだ平地ではないのです。少数の人によってだけ到達されるような数々の意味関連が存在します。特に絶頂が、群星中の太陽が存在します。しかしこれらのものはすべて、万人に妥当する決定的な唯一《ゆいいつ》の位階として成立するというような在《あ》り方で存在するのではありません。

ある時代において万人が考えるところと、この時代において創造された哲学的作品の内容との間にははなはだしい懸隔があります。万人の悟性が自明的だと考えることが、無限の解釈可能性をもった偉大な哲学者の作品と同様に、哲学だと称せられうるのであります。自分が見た世界に満足する狭い見解がもつ安心から、高遠なるものへの憧《あこが》れ、さらには、限界における懐疑的な佇立《ちょりつ》に至るまで、それらいっさいが哲学と称せられるのであります。

「哲学すること」にとって哲学史が有する意義

私たちは哲学の歴史を、宗教的伝

統の権威の類似物だと申しました。なるほど私たちは「哲学すること」において、宗教が所有しているような規準的な書物も、単純に従われるような権威も、現存する究極決定的な真理も所有していません。けれども「哲学すること」の歴史的伝統の全体、この無尽蔵な真理の貯蔵は、現代の「哲学すること」へ通じる道を示すものであります。この伝統は、どんな期待をもって見ようとしても見られないような、すでに思惟された真理の深みであり、少数の偉大な作品のもつ不可解性であり、尊敬すべき偉大な哲学者の現実であります。

この権威の本質は、私たちが一義的にそれに従うわけにはいかないということです。課題は、この権威を通じて自分自身で確認することによって、自己自身に帰ることであり、この権威の根源のうちに、自分自身の根源を再発見するということであります。

現代において真剣に哲学することによってだけ、歴史的な現象のうちにある永遠の哲学に触れることができるのです。歴史的現象は、根底において共通的な現在へ結合されるための手段であります。

それゆえ歴史学的研究は遠近の段階において起ります。良心的に哲学する人は、彼が原典を研究する場合、自分がそのつどかかわっているものが何であるかということを知ります。前景は明瞭《めいりょう》になり、悟性的知の確実な所有物とならねばなりません。しかし歴史学的な探求の意義と絶頂は根源における了解の瞬間であります。このとき、あらゆる前景的な研究にはじめてその意義を付与し、そして同時に、それを統一するところのものが照らし出されるのです。この哲学的根源という中心がないと、哲学の歴史的記述はいずれも、結局は、一連の誤謬《ごびゅう》と好奇心の報告であります。

こうして歴史は、それが目ざめた後には、自我の鏡となります。すなわち私が自分で考えるものを映して見るのです。

哲学史は私がその中で思惟しながら呼吸する場なのでありますが、この哲学史は自己自身の探求のために、模倣《もほう》することのできない完全な原型を示してくれます。それは、その中において試みられたり、成功したり、挫折《ざせつ》したりしたものを通じて問題を提起します。それは、無制約的に自己自身の道を歩んでいく個人の人間性を見せることによって人を鼓舞します。

過去の哲学を私たちの哲学と見なすことは、昔の芸術作品をもう一度作り出すことと同様にほとんど不可能であります。にせの模写が作られることができるだけであります。私たちは、敬虔《けいけん》な気持で聖書を読む人のように、絶対的な真理が書かれている書物をもっていません。したがって私たちは、あたかも古い芸術作品を愛するように、古い書物を愛します。私たちはそれぞれの人の真理へ沈潜し、それをとらえようとします。しかし依然として一定の距離が、到達できない何ものかが、存在しています。また私たちがそれでもって常に生きているのですが、尽すことのできない何ものかが、最後に、私たちを現代の「哲学すること」へ飛躍さすところのあるものが、存在しています。

と申しますのは、「哲学すること」の意義は現在性ということだからです。私たちは「ここ」と「今」において現実をもつにすぎません。私たちが回避することによって取逃がしたものは、けっして二度と帰ってきません。しかしもし浪費するならば、私たちは存在を失います。毎日毎日が高価なのです。すなわち瞬間がいっさいでありうるのです。

もし私たちが過去あるいは未来に没頭するならば、私たちは自分の課題を放棄するという責めを負わねばならないでしょう。現在の現実によってだけ、無時間的なものが獲得せられ、時間の把握《はあく》によってのみ、私たちはあらゆる時間が征服される場所へ到達するのであります。

付録　はじめて哲学を学ぶ人びとのために

ここに刊行された十二回にわたるラジオ講演はバーゼル放送局の依頼に応じてなされたものであります。*

哲学が人間としての人間にかかわるものであるとするならば、それは一般的にも理解せられえなければならないはずです。哲学体系のむずかしい展開ではないとしても、おそらくその根本思想のいくつかは、たとえ簡単にでも伝達されうるものと信じます。私は哲学に関して、万人にとってかかわりのある事柄をいくらかでも感得していただきたいと思ったのです。しかしこのような企てを試みるにあたって、私は、たとえそれ自体としてはむずかしいものであるとしても、本質的なものを捨てることはしませんでした。

ただここではそれぞれの問題の端緒と、哲学的思惟《しい》のいろいろな可能性のうちのわずかなものだけしか、取扱うことができませんでした。多くの偉大な思想に関しては、その端緒すらも触れられていません。目的は各自の思索を呼び起すことにあったのです。

哲学的思索の手引きを求める読者に対して、その研究に資するため、つぎにもっと進んだ案内を提供することにしましょう。

＊本講座の聴講者や読者のうちで、私の哲学的試論に関してもっと詳しく学びたいと思われる方々のために、私の著書の中の若干のものを挙げておきます。

二つの浩瀚《こうかん》な哲学的主著——

一、「哲学」Philosophie, 2. Aufl. 1948, Springer-Verlag, Heidelberg-Berlin.（邦訳、第一巻「哲学的世界定位」武藤光朗訳、第二巻「実存開明」草薙《くさなぎ》・信太訳、第三巻「形而上学《けいじじょうがく》」鈴木三郎訳、創文社）

二、「真理について」Von der Wahrheit, 1948, R. Piper, München.

本講座の内容をいっそう詳細に展開した小著——

一、「哲学的信仰」Der philosophische Glaube. R. Piper, München Artemis-Verlag, Zürich 1948.

二、「理性と実存」Vernunft und Existenz, 2. Aufl. Storm-Verlag, Bremen 1947.（邦訳、草薙正夫《まさお》訳、新潮社）

三、「哲学と科学」Philosophie und Wissenschaft, Artemis-Verlag, Zürich

1948.（邦訳、橋本忠夫訳、桜井書店）

現代哲学の理解のために——

一、「現代の精神的状況」Die geistige Situation der Zeit, Walter de Gruyter & Co., Berlin, 7. Aufl. 1949.（邦訳、飯島宗享訳、理想社）

二、「歴史の根源と目標」Ursprung und Ziel der Geschichte. Artemis-Verlag, Zürich 1949. R. Piper, München 1949.（邦訳、重田英世訳、理想社）

哲学者に関する解説書——

一、「デカルト哲学」Descartes und Philosophie, W. de Gruyter, Berlin, 2. Aufl. 1947.（邦訳、重田英世訳、理想社）

二、「ニイチェ」Nietzsche, Walter de Gruyter, Berlin, 3. Aufl. 1949.（邦訳、草薙正夫訳、理想社）

三、「マックス・ヴェーバー」Max Weber, 2. Aufl. Storm-Verlag, Bremen 1947.（邦訳、樺俊雄訳、理想社）

いかにして「哲学すること」が具体的な科学の形態をもって起りうるかということを示すものとしては——

一、「精神病理学総論」Allgemeine Psychopathologie, 5. Aufl. Springer-Verlag, 1947.（邦訳、内村・西丸・島崎・岡田訳、岩波書店）

二、「ストリンドベリーとヴァン・ゴッホ」Strindberg und van Gogh, 3. Aufl. Storm-Verlag, Bremen 1949.

一　哲学の研究について

「哲学すること」において問題となることは、現実の生活において顕《あらわ》になるところの無制約的なもの、本来的なものであります。人間としての人間はすべて哲学するのであります。

しかしこの意味を一貫した思想としてとらえることは、けっして手っ取り早くは行われないのです。体系的な哲学的思惟は研究を必要とします。このような研究は三つの道を自己のうちに含んでいます――

第一――科学的研究への参加。この研究はその二つの根を自然科学と文献学の中におき、そしてほとんど概観できぬほど多様な科学的専門分野へと分枝《ぶんし》しています。科学・科学的方法・科学的な批判的考察などにおける経験を通して、科学的態度が修得せられます。この科学的態度は「哲学すること」における真実性にとって、避けることのできない前提をなすものであります。

第二――偉大な哲学者に関する研究。哲学史を越えていく道以外には哲学への道は存在しません。この哲学史を越えていく道は、各人にとっては、いわば偉大な原典の幹をよじのぼっていくようなものです。しかしこの登攀《とうはん》は現に自らそれに参与するという根源的な衝動からだけ、研究によって目ざめる自己自身の「哲学すること」によってだけ、成功するのであります。

第三――日常の良心的な生活態度。決定的な決断の真剣さ、私が行なったり経験したりしたことを引受けること。

この三つの道のどれか一つが欠けても、明晰《めいせき》なそして真実の「哲学すること」に到達することはできません。それゆえ、すべての人びとにとって、特にすべての若い人びとにとって、どのような形態においてこれらの道を進んだらよいのか、ということが問題なのであります。と申しますのは、彼らは自分自身では、これらの道において可能なものをわずかしかとらえることができないからです。それはつぎのような問題であります。

私はどんな種類の科学を専門的に徹底的に学んだらよいのか。

私は偉大な哲学者の中でどんな人を読み、かつ習得したらよいのか。

私はどのように生きたらよいのか。

人はすべて自分自身だけでしか答えを発見することができません。答えは単に規定的な内容として決定されたり、究極決定的に規定されたり、外面的であったりしてはなりません。特に若い人はあくまで可能性と「試み」の態度を守らねばならないのです。

したがってつぎのように言われるのです。断乎《だんこ》としてつかまえるが、しかし動きのとれなくなるようなことにならないで、むしろ吟味し、訂正すること、しかしこのことは偶然的や恣意《しい》的に行われるのでなくて、あらゆる試みられたものが維持され、後に影響を与え、結果が一つの構築物となるときに発生するところの重みによって行われる、と。

二　哲学に関する読書について

本を読む場合は、まず第一に著者が何を思っているかということを理解しようとします。しかしそれを理解するためには、単に文字だけでなく、内容を理解しなければなりません。理解は事実的知識に依存するのであります。

この場合、哲学的研究においては、つぎのような本質的な根本的現象が発生します。

私たちは原典の理解によってはじめて事実を知ろうとします。ですから私たちは、事実そのものについて考えると同時に、著者がそれをどういうふうに考えているかということについて考えてみなければならないのです。この両者のいずれが欠けても読書の効果は失われます。

書物そのものについての研究と同時に、内容について考えることによって、知らず識《し》らずのうちに変形した理解が生れます。それゆえ、正しい理解にはつぎの二つの事柄が必要であります。すなわちそれは、事実への沈潜と、著者が考えている意味へ立ち帰ってそれを明確に理解することであります。第一の道においては哲学が得られ、第二の道においては歴史的解釈が得られます。

読書においてまず第一に必要な根本的態度の一つは、著者に対する信頼と、著者によってとらえられた内容への愛からして、まず一度は、その著書の中で語られていることはすべて真であるかのように思って読むということであります。私がまったく感動させられ、それに没頭し、後に事実のただ中からいわばふたたび浮び上がるとき、はじめて意味深い批判が現われるのであります。

私たちが哲学の歴史を学んで、過去の哲学を自分のものにするということには、どんな意味があるのかということは、自分で考えること、あらゆる他の人の立場に立って考えること、自分の考えに忠実であること、というこの三つのカントの要求を手引きとして解釈されるでしょう。これらの要求は無限の課題であります。あたかもすでに所有しておったり、可能であったりするかのような先取的解決は、いずれも欺瞞《ぎまん》であります。私たちは常に前進の途上にあるのです。この前進の途上において歴史は役に立つのであります。

自分で考えるということは空無からは生じてきません。私たちが自分で考えるものは、実際に私たちに示されていなければならないのであります。伝承的な権威は、歴史的に与えられている「哲学すること」の始源や完成において、あらかじめ信ぜられている根源に触れることによって、私たちの心の内にそれを目ざめさすのです。いっそうつき進んだ研究はすべてこのような信頼を前提とするものであります。このような信頼がないと、私たちはプラトーン研究とかカント研究などの努力を背負う気にはならないでしょう。

固有の「哲学すること」は、歴史的な哲学者をいわばよじのぼることであります。彼らの著書を理解することによって、私たち自身が哲学者となるのです。しかしこの自己のものにするということは、信頼してそれに従うことによってなされる服従ではありません。むしろ私たちはともに歩みつつ自己自身の本質を吟味します。《服従》

はここでは、指導に頼《たよ》ること、まず一度は真実と見なすこと、を意味するのです。私たちは批判的反省をもって、速急に時を選ばずして介入したり、このような反省によって指導されつつある、現実の自己自身の歩みを萎《な》えさせたりしてはなりません。さらに服従は、安価な批判を許すような尊敬を意味するのでなくて、自己自身の、かつ広い研究からして、内容に一歩一歩と近づき、かくしてそれにふさわしいものとなるような尊敬だけを意味するのです。服従は、自分で考えることによって、自己確信に到達することができたものだけを真実と見なすという点に、その限界を見いだすのであります。どんな哲学も、もっとも偉大な哲学者といえども、真理を所有していないのです。私はプラトーンを愛している。しかしそれ以上に真理を愛している(Amicus plato, magis amica veritas)。

　私たちは自分で考えることによって真理に到達するのでありますが、しかしそれは、私たちがあらゆる他の人びとの立場に立って考えてみるという努力をたえず続ける場合においてだけ、いわれることなのです。私たちは人間にとって可能であることを学ばねばなりません。たとえ他人の思想を拒むにしても、他の人が考えたことを真剣になって考えてみることによって、自己自身の真理の可能性の領域がひろがるのであります。あえて他の人の思想の中へ自分をまったく移し入れてみた場合にだけ、私たちは知ることができるのです。遠いものや未知のもの、極端なものや例外、否《いな》、奇異なものさえもが、ある根源的なものを手放すことによって、盲目や看過によって、真理をとらえそこなわないために、魅力を有するのであります。それゆえ、哲学する者は、彼が自分の哲学者として徹底的に研究するために、最初に選んだ哲学者に傾倒するだけでなく、存在したもの、思惟《しい》されたものを経験するために、一般哲学史の研究にも傾倒するのであります。

歴史へ向うことによって、私たちは散漫になり、無統一になります。常に自分の考えに忠実であれという要求は、色とりどりの華《はな》やかさに目を奪われて、あまりにも長く、好奇心や観賞にふけりすぎるという誘惑に抵抗しようとするものであります。歴史的に取上げられるものは刺激物となるべきものであります。それは私たちを注意させ、目ざめさせ、疑問の中におくべきものです。それは無関心的に並んで通りすぎていくべきものではありません。歴史においてこれまで実際的に、相互的な関係や交流をもたなかったものは、私たちの手によって相互に接触せしめられるべきであります。私たちはもっとも疎遠《そえん》なものをも、相互に関係させなければならないのです。

いっさいのものは、理解する者としての一なる自我のうちへ取上げられることによって、集められます。自分が自分に一致しているということは、分離しているもの、対立しているもの、相互に接触していないものを、一なる者へ関係さすことによって、自己自身の思惟を確証することをいうのです。世界史は、それが有意義に獲得せられた場合は、たとえ常に閉鎖されない統一であるにせよ、とにかく一個の統一体となります。哲学史の統一の理念は、実際的には常に挫折《ざせつ》しながらも、自己のものとすることを促すものであります。

三　哲学の歴史的叙述

哲学の歴史的叙述にはつぎのように非常に異なったいろいろな目標があります――伝えられてきたものをすべて蒐集《しゅうしゅう》すること、現存する文献・哲学者の伝記的資料・社会学的事実・実際的な相互理解の関係・論争・証明可能な発展・あるいは跡づけることのできる発展などの単純な記述、さらに作品の内容の解説、作品における主要な契機・組織・方法の構造。

つぎに、個々の哲学者や各時代の精神や原理の特徴を示すこと。最後に歴史的全貌《ぜんぼう》を哲学の世界史として全体的に把握《はあく》すること。

哲学史の叙述は、文献学的な解釈と自己自身で「ともに哲学すること」とを必要とします。もっとも正しい歴史的把握《はあく》は必然的に、同時に自己自身で「哲学すること」であります。

ヘーゲルは、哲学史全体を意識的・総括的に、哲学として自己のものにした最初の哲学者であります。彼の哲学史はこの意味で、今日までもっとも規模の大きい業績であります。しかしそれはまた、固有のヘーゲル的原理によって、透徹した解釈をもって、同時にものを殺してしまったような所業でもあるのです。あらゆる過去の哲学はヘーゲル的な光に照らされると、その瞬間に、驚くべくほど明るい探照燈《たんしょうとう》に照らされたかのように明瞭《めいりょう》に浮び出るのであります。しかしそのつぎには、人は突然、ヘーゲル的思惟《しい》はすべての過去の哲学から、いわば心臓を切り取って、その残りを死体として、歴史の巨大な史的墓場に葬《ほうむ》り去るのを認めねばならないのです。へーゲルは過去のものをすべて片づけてしまったのです。なぜなら彼はそれを概観できると信じているからであります。彼の叡知《えいち》的な鋭さは、とらわれない開放ではなくして、破壊的な手術であり、たえざる問いでなくして、征服であり、ともに生きることではなくして、支配することとであります。

ある一つの解釈をそのままに信用して、それにとらわれるということのないように、あらかじめ用心するために、常にいくつかの哲学史の書物をあわせ読むことをお勧めしたいのです。たった一つの書物しか読まないと、知らず識《し》らずにその方式を押しつけられることになるからです。

さらにお勧めしたいことは、哲学史の書物を読む場合は、少なくとも任意試験的に、叙述されたものについて原典に当ってみることであります。

最後に文献的な知識を得るために、辞典としての哲学史が——特にユーベルヴェークが——利用されます。辞典は参照に役立つものであります。

大辞典

ノアク「歴史的＝伝記的哲学辞典」Ludwig Noack, Historisch-biographisches Handwörterbuch der Philosophie. Leipzig 1879.

アイスラー「哲学辞典」Rudolf Eisler, Handwörterbuch der Philosophie. Berlin 1913.

チーゲンフス「哲学者辞典」Philosophenlexikon von Werner Ziegenfuss, Berlin 1949.

ラランド「哲学辞典」André Lalande, Vocabulaire technique de la philosophie,

Paris 1928.

小辞典

キルヒナー「**哲学辞典**」ミカエリスによる改訂版一九〇七年（一九四四年にホッフマイステルによる新改訂改編版が出ている。ナチスの影響を受けているが使用にはさしつかえない）Kirchners Wörterbuch der philosophischen Grundbegriffe, bearbeitet von Michaelis, Leipzig 1907. (die Neubearbeitungen und Umgestaltung von Johannes Hoffmeister, Leipzig 1944.)

シュミット「**哲学辞典**」Heinrich Schmidt, Philosophisches Wörterbuch, 9. Auflage 1934. Leipzig. Kröners Taschenausgabe.

ブルッゲル「**哲学辞典**」Walter Brugger S. J., Philosophisches Wörterbuch. Freiburg 1947.

メツケ「**哲学辞典**」Erwin Metzke, Handlexikon der Philosophie. Heidelberg 1948.

ランネス「**哲学辞典**」Dagobert D. Runes, The Dictionary of Philosophy, 4. Edition, New York 1942.

つぎに——哲学史家と文献に関する——名称だけを掲げておきます。刊行物・翻訳書・注釈書、さらに個々の作品の表題と内容等に関しては、辞典のほかに、特にユーベルヴェークとフォールレンデルの哲学史が参考書として利用されます。

哲学史に関する書籍目録

一　西洋哲学

ユーベルヴェーク（Überweg）——常住に欠くことのできない参考書。

フォールレンデル（Vorländer）——初学者にとっての入門書。

エルトマン（J. E. Erdmann）——概括的にはヘーゲル的構成であるが、個々の事実についての分析に優《すぐ》れている。

ヴィンデルバント（Windelband）——流れるような十九世紀の文体において、深さはないが洗練された概観。

ツエラー（Zeller）——ギリシア哲学、材料が豊富で、明晰《めいせき》で、理解しやすい、しかし哲学的でない。

ジルソン（Gilson）——現代の中世哲学史家として優れている。

二 インドと中国

インド

ドイセン（Deussen）——大著、インドの原典からの翻訳がたくさん収録されている。研究の道を切り拓《ひら》いたものであるが、ショーペンハウアー哲学にとらわれている。

シュトラウス（Strauss）——簡略で、概観的・啓蒙《けいもう》的。

中国

フォルケ（Forke）——大著、解説的、ヨーロッパにおいてそれまで知られていなかった多くの領域についての報告。

ハックマン（Hackmann）——客観的な冷静さで、表面的叙述に傾いている。

ヴィルヘルム（Wilhelm）——情熱的にとらわれている。

ツェンケル（Zenker）——比較的簡略、明敏で気がきいている。

四　文献

現存する西洋哲学の全原典、その出版、注釈、翻訳については、ユーベルヴェークの哲学史について見るがよい。そのほかに簡単な便利な選択がフォールレンデルによってなされています。

自分自身の研究のために、本当に重要な原典だけを集めたいと思います。このような原典の目録は、個人によって異なるところがあるわけでありますが、しかしその根本はほとんど誰にとっても同じであります。もっとも根本といっても、その重点はそれぞれ異なっています。したがってまったく普遍妥当的な主要重点などというものはどこにもないのであります。

最初はある一人の主要な哲学者を選ぶだけで結構であります。この哲学者がもっとも偉大な哲学者の中の一人であるということはたしかに望ましいことです。しかしながら、偶然に最初に出会って、深い印象を受けた哲学者が、第二流第三流の人であっても、この哲学者によって道を発見するということもありうるのです。徹底的に研究されるならば、どんな哲学者でも、一歩一歩に、哲学全体と哲学史の全体とへ導き入れてくれるものです。

主要原典の目録は、古代に関するかぎりは、保存されているもの、特に少数の保存されている全集をそのままに集めればよいのです。ところが近世に関しては、原典の数が非常に多いので、反対にここでは少数の欠くべからざるものを選択することが困難なのです。

人名表　一

西洋哲学

古代哲学

ソークラテース以前（前六〇〇—四〇〇年）の断片。

プラトーン（前四二八—三四八年）。

アリストテレース（前三八四—三二二年）。

古代ストア学派（前三〇〇—二〇〇年）の断片およびその学徒である、セネカ（後六五年没）、エピクテートス（およそ五〇—一三八年）、マルクス・アウレーリウス・アントーニーヌス（一六一—一八〇年在位）——エピクーロス学派（前三四二—二七一年）の断片、およびその学徒であるルクレーティウス（前九六—五五年）——懐疑論者およびその学徒であるセクストス・エムペイリコス（後一五〇ごろ）——キケロ（前一〇六—四三年）、プルータルコス（およそ四五—一二五年）。

プローティーノス（二〇四—二七〇年）。

ボエーティウス（四八〇—五二五年）。

キリスト教哲学

教父学——アウグスティーヌス（三五四—四三〇年）。

中世——ヨハンネス・スコートゥス・エリウゲナ（九世紀）——アンセルムス（一〇三三—一一〇九年）——アベラール（一〇七九—一一四二年）——トマス（一二二五—一二七四年）——ヨハンネス・ドゥンス・スコートゥス（一三〇八年没）——マイスター・エックハルト（一二六〇—一三二七年）——オッカム（およそ一三〇〇—一三五〇年）——ニコラウス・クザーヌス（一四〇一—一四六四年）——ルター（一四八三—一五四六年）——カルヴァン（一五〇九—一五六四年）。

近代哲学

十六世紀——マキアヴェルリ——モア——パラケルスス——モンテーニュ——ブルーノ——ベーメ——ベイコン。

十七世紀――デカルト――ホッブス――スピノザ――ライプニッツ――パスカル。

十八世紀

イギリス啓蒙主義　ロック――ヒューム。

フランスおよびイギリス道徳哲学者。

十七世紀　ラ・ロシュフーコー――ラ・ブリュイエール。

十八世紀　シャフツベリ――ヴォーヴナルグ――シャンフォール。

ドイツ哲学　カント――フィヒテ――ヘーゲル――シェリング。

十九世紀

十九世紀ドイツ教壇哲学、たとえば、小フィヒテ――ロッツェ。

独創的哲学者　キルケゴール――ニーチェ。

哲学的分野としての近代科学

国家哲学および経済哲学　トックヴィル――ロレンツ・フォン・シュタイン――マルクス。

歴史哲学　ランケ――ブルクハルト――マックス・ヴェーバー。

自然哲学　K・E・フォン・ベール――ダーウィン。

心理学的哲学　フェヒナー――フロイト。

もっともいちじるしい特徴だけを示すために、きわめて簡単な説明をしておきます。私はそれをもってある哲学者を分類したり、その地位を決定したりしようとするわけではありません。たとえ私の文章がやむなくそういう印象を与えるとしてもであります。私の文章を問題として解釈していただきたいのです。それは単に注意を喚起しようとするだけのものであります。しかしそれによって初学者は、おそらく、自分の傾向からして自分がまず最初にどんなものを選んだらよいかということを知ることができるでしょう。

古代哲学

ソークラテース以前の哲学者には、《もののはじめ》に存するあの独特の魅力があります。彼らを実際に即して理解することは並々ならず困難であります。月並な考え方や表現様式によって、私たちからあの直接性を覆《おお》い隠しているところのあらゆる《哲学的教養》から目を転ずることを試みねばなりません。ソークラテース以前の哲学者にあっては、思想は根源的な存在経験の直観から苦労しながら生れ出ています。どのようにして最初思想的な光明が輝きだしたかということを、私たちは見るのであります。けっしてふたたび帰ることのない様式的統一が、各自に独特なものとして、それぞれの偉大な思想家の作品を支配しています。ただ断片だけが伝えられているからして、ほとんどすべての解説が自己流に解釈するという誘惑にすぐ負かされてしまいます。いっさいのものがここではまだ謎《なぞ》に満ちています。

プラトーン、アリストテレース、プローティーノスの作品は、ギリシア哲学の中で少数の比較的完全なものと見なされています。この三人の哲学者は、古代哲学に関するすべての研究の中で第一位を占めるものであります。

プラトーンは永遠の哲学的な根本的経験を教えるものです。彼の思惟《しい》の進行のうちには、彼以前のギリシア哲学のすべての富が含まれています。彼が生きた時代が動乱した時代であったことによって、彼は時代の限界に立っていたのです。彼はどんなものにもとらわれない公明な目をもって思惟可能なものをながめました。彼は自分の思想的活動を、もっとも明晰《めいせき》に伝達することができました。ただしそれは、「哲学すること」の秘密が言葉となるということであって、この秘密はどこまでも常に秘密として現在しているのです。彼においてはあらゆる質料的なものは溶解されています。「超越すること」の実現が唯一《ゆいいつ》の本質的なことなのです。彼は、人間が思惟によって越え出ることのできないと思われるところの頂上へよじのぼったのです。今日まで「哲学すること」のもっとも深い衝動は彼から出ています。彼は常に誤解されておりました。と申しますのは、彼はけっして学ぶことのできる教説を提供しているのではなくて、むしろ彼は常に繰返し新しく獲得されねばならないからです。プラトーン研究においては、あたかもカント研究におけるように、確定的な事柄は学びとられないので、むしろ人はそれによって自己自身の「哲学すること」に目ざめるのです。後世の哲学者にとっては、彼がプラトーンをどのように理解するかということのうちに、彼自身の姿が現われるのです。

アリストテレースから人が学ぶものは、彼以来すべての西洋的思惟を支配するようになった範疇《はんちゅう》であります。たとえ彼と同じように、あるいは彼に反対して、あるいは「哲学すること」の全領域を克服することにおいて、考えられるものであるとしても、「哲学すること」という言葉（術語）を決定したのは彼であります。

プローティーノスは伝えられてきた古代哲学全体を、一つの驚嘆すべき形而上学《けいじじょうがく》を表現する手段として利用しています。この形而上学は、独創的な調子をもってはいますが、彼以後あらゆる時代を通じて、本来の形而上学として伝わっているものであります。神秘的な心の安らかさが、思弁の音楽として伝達可能となったのです。この思弁は独自的なものでありますが、それ以来形而上学的に思惟されるようになってから、何らかの仕方でこだまするものなのであります。

ストア学派、エピクーロス学派、懐疑論者、それにプラトーン学派とアリストテレース学派（新アカデーメイアに属する人びととペリパトス学派）は後期古代の**教養階級の一般哲学**を生みました。キケロ、プルータルコスもまたそれに参加しているのです。あらゆる理論的な立場の対立や、対立的な論争にもかかわらず、ここには一つの共通の世界が存しています。あらゆる方面からこの哲学に参加するということが、折衷学《せっちゅうがく》派《は》を生む結果とはなったものの、同時にそれはまた、この古代数世紀の特殊な根本的態度である個性の尊厳、本質的なものだけを反復する持続性、あの独特の器用さと無成果、しかし同時にまた一般的な明瞭《めいりょう》さ、を生んだのです。今日まで行われている通俗哲学の地盤はここに存するのであります。その最後の魅力的人物は**ボエーティウス**です。彼の「哲学の慰め」Consolatio philosophiae はその情緒、美しさ、純粋さのゆえに、哲学的人間の根本的書物に属するものであります。

教養・観念的な見方・話しぶり・態度において、哲学的な共通性をもつ階級が存在していました。そしてそれは後に至って中世の**ローマ・カトリック教会派**、ルネサンス以後の**人文主義者**として現われ、すでにその傾向は弱まってはいるが、一七七〇年から一八五〇年の間において、リガからチューリッヒ、オランダからウィーンに至る間に存していた教養的世界におけるドイツ哲学の思弁的観念論の雰囲気《ふんいき》を生むようになったのです。このような階級について研究することは、文化史的および社会学的に見て興味があります。偉大な哲学的創造から、この一般化された思惟形態に至るまでの懸隔について理解することは重要なことであります。そのうちでも特に人文主義は重要であります。と申しますのは、人文主義の固有の起源は、何か大哲学というものではなくて、むしろそれは伝承を自己のものとするとか、ものを理解するにあたって何ものにもとらわれないとかいうような精神的態度であり、人間の自由であるからです。けだしこれらのものなくしては、おそらく私たちのヨーロッパ的生存は不可能であったであろうと思われるのであります。人文主義（ルネサンスにおいて意識されるようになったにすぎないが、それをピコやエラスムスやマルシリオ・フィキノについて学ぶことは、今日なお価値のあることであります）は、意識的なギリシア的教育《パイデイア》以来、およびローマ人がスキーピオ朝時代においてギリシアの影響によってそれを実現して以来、あらゆる時代を貫いているのであります。人文主義は現代においては微弱になってしまっています。もし人文主義がその姿を消すとするならば、このことは見渡すことのできない精神的・人間的帰結が陥る宿命であるでしょう。

キリスト教哲学

教父の中でもっとも偉大な人は**アウグスティーヌス**であります。彼の作品を研究することによって、私たちはキリスト教哲学の全体を把握《はあく》することができます。ここでは無数の忘れることのできない表現が見いだされます。これらの言葉は内面性が言葉となって現われたものであって、これらのものは古代哲学においては、まだこのような高度の反省や情熱において語られたことはなかったのです。測ることのできないほど内容豊かな作品は、反復に満ち、しばしば修辞的な冗漫さをもっております。そして全体的には美しさを欠いてはいますが、部分的には深い真理の完全な簡潔さと力をもっているのです。彼が彼の敵との対決において行なった引用文や批評文から、私たちはこの彼の敵について知ることができるのです。彼の作品は、今日に至るまで、魂の奥底を究《きわ》めようとするあらゆる思惟の源泉であります。

スコートゥス・エリウゲナは発展の弁証法的自由をもって、新プラトーン主義的範疇において神・自然・人間の存在の殿堂を構想した人であります。彼は自覚的な世界開放の新しい気分を醸《かも》し出しています。博学で、ギリシア語に精通し、ディオニシウス・アレオパギタの翻訳者である彼は、伝統的な概念的材料をもって、彼の浩瀚《こうかん》な、方法的には独創的な体系を構想しました。彼は神的自由を見、思弁的神秘主義の創始者となり、現代に至るまでその影響を及ぼしているのです。彼は哲学と縁の遠い時代に寂しく孤立しています。彼の作品は、哲学的な信仰に基づいた生活態度からくるところの、高い伝統の獲得という教養的産物であります。

中期の方法的思惟は、第一に**アンセルムス**において始まっています。論理学的・法律学的思惟の無味乾燥な形式のうちに、形而上学的《けいじじようがく》なものがもつ直接的な思惟の啓示の魅惑が存しています。いわゆる思想的歩みの強制力や特殊な教義的命題に関する事柄は、私たちにとっては縁遠いのでありますが、私たちがそれをキリスト教的な教義論の歴史的な衣を着たものとしてでなく、パルメニデースのそれのように、それの人間的普遍性において取上げるかぎり、彼は内なるものの啓示として現在に生きており、かつ信頼に価《あたい》するものであります。

アベラールは反省のエネルギー、論理的に可能なものの道、問題解釈の道としての弁証法的対立法の方法、を教えています。矛盾的なものの対立を通して徹底的に問うことによって、彼はトマスにおいてその頂点に達したところのスコラ的方法の創始者となり、同時にまたこのときすでに、かつては素朴に支持されたキリスト教的実体の崩壊の危険をもたらしているのであります。

トマスは大規模な、そして今日に至るまでカトリックの世界においてもっとも優《すぐ》れた、ほとんど権威的な体系を建設しました。自然の王国と恩寵《おんちょう》の王国、理性的に理解されるものと、信仰によらなければ理解されないもの、世俗的なものと宗教的なもの、排斥された異端的な立場と、これらの立場のうちに含まれている真理要素、これらのものがこの体系のうちにおいて統一的に総合されているのです。この統一が中世の大《だい》伽藍《がらん》に比較されるのも無理からぬことであります。彼は中世の思惟が生んだものを一つに結合したのです。彼の立場からみれば、これらのものはすべて予備的労作であったのです。あらゆる材料の蒐集《しゅうしゅう》整理とアリストテレース研究の方法のために、最後にアルベルトゥス・マグヌスがあります。トマスが彼よりも優れている点は、おそらく彼の思惟の明晰《めいせき》さと中庸と簡潔さにあるにすぎないでしょう。この完成された中世哲学の現実は、ダンテの《神曲》によって、情感的・直観的に知ることができます。

ドゥンス・スコートゥスと**オッカム**は、中世的思惟の完全な建物ができあがったほとんどその瞬間において、それを突破するものであります。ドゥンス・スコートゥスは、まだ正統派と見なされるようなときにおいてすでに、彼が意志のうちに、また一回かぎりの個体性のうちに、「ここ」と「今」として意味深い困難な事柄を発見することによって、人の心に動揺を巻き起したのです。オッカムは認識する根本的態度を、控え目であると同時に自分の能力の範囲を越えようとする、近代的な認識活動が陥らざるをえないような破局へ突き落すのです。彼は政治的にはバイエルンの政治評論家ルードヴィッヒとして、教会の宣告を破棄しました。私たちがその著作を今日まで手にすることのできるところの、あらゆる中世の哲学者と同様に、彼もまた信仰厚きクリスチャンであります（無信仰者・懐疑論者・虚無主義者はたいがいは単に反駁書《はんばくしょ》や引用文によって知られています）。オッカムの著作は今日まで現代版として出版されていません。またドイツ語訳も出ていません。それはおそらく、これまでの哲学史の研究における唯一の大きな間隙《かんげき》といえるでしょう。

ニコラウス・クザーヌスは、私たちにとって特異なものとして現われるような一種の雰囲気の中で、私たちが出会うところの中世第一の哲学者であります。彼は信仰という点においてなおまったく中世的であります。と申しますのは、ここではまだ教会的信仰の統一、すなわちいつかは究極において、あらゆる信仰をもつあらゆる民族を総括することを目ざして進みつつあるカトリック教会の世界統一、に対する信頼は破れていないのです。しかし彼の「哲学すること」はもはや、トマスのように一つの体系を描くこともしなければ、また矛盾的な対立をなして伝わってきた伝統的なものを、論理的に自己のものに化するところのスコラ的方法をもはや利用することもせず、むしろ形而上学的（超越的）な事実であると、経験的（内在的）な事実であるとを問わず、とにもかくにも事実へ向って直接に進むのです。こうして彼は、自己自身の直観から出発して、特殊な方法的な道を歩んだのです。ところでこれらの思弁によって新しい仕方で現われてくる不可思議な神の存在が、この直観の前に横たわっているのであります。そこで彼はこの神性の存在のうちにあらゆる世界実在を見るのです。しかもその結果、彼においては思弁が経験的な洞察《どうさつ》に道を拓《ひら》き、そして経験的ならびに数学的認識が神の直観の手段となるのです。彼のうちには、あらゆる実在するものを愛してこれと親しみ、しかもそれを踏み越えるところの広大な思惟が存するのです。世界は回避されるのでなくて、超越者の光によってそれ自らが照らされたのです。ここに、今日まで他にその類を見ないような一個の形而上学が思惟されているのでありま す。このような形而上学のうちをさまようことは、哲学するものにとって幸福な時間なのであります。

ルターはこれと異なっています。彼を学ぶことはぜひ必要であります。彼は哲学を軽蔑《けいべつ》し、理性を売春婦だと呼んだ神学者ではありますが、彼自身、それなくば今日の「哲学すること」がほとんど不可能だろうと思われるような、実存的な根本思想を成就《じょうじゅ》しました。情熱的な信仰の真剣さと、ものに順応する利口さとの混交、深さと敵意に満ちた根本的気分との混交、明快な適確性と粗野や騒音との混交、これらのものが研究を義務たらしめるとともに、苦痛にするのであります。この人から醸《かも》し出される雰囲気は奇異なものであり、また哲学的には破壊的なものであります。

カルヴァンは訓練の行きとどいた方法的な形式、究極的帰結の壮大さ、鉄の論理、原理的に確固とした無制約性などをもっています。しかし彼は理論的な行為においても、実践的な行為においても、愛のない偏狭《へんきよう》な態度を示すことによって、「哲学すること」の恐るべき反対極をなすものであります。彼がこの世で常に自分の姿を、さながらヴェールを通して片鱗《へんりん》しか示さない場合、この精神を再認識するために、彼を真正面から凝視することはよいことなのです。彼は、その偏狭さにおいて他に比敵するもののないあのキリスト教的偏狭さの最高の権化《ごんげ》なのであります。

近代哲学

近代哲学は古代、中世の両哲学に比べると、総括的な全体性を欠いており、むしろ分散して多種多様な、無関連な試論に陥ってはいるものの、大規模な体系的建造物を豊富に含んでいます。ただそれらのものを実際的に支配するような体系が成就されなかったまでのことであります。近代哲学は驚くほど豊富で、具体的なものに満ちており、また誇らしい思惟《しい》の冒険による思弁的抽象性や、新しい科学とたえず関係を保つという点において自由であります。またほとんどもっぱらラテン中世期の習慣にいまなお従っているラテン的形式の著作を除いたら、近代哲学は国民的な相違によって、それぞれイタリア語、ドイツ語、フランス語、英語で書かれています。

各世紀の様式に従ってその特色を示してみましょう。

十六世紀には直接に把握《はあく》し・それぞれに異なった・極端に個性的な創造が豊富であります。それらは今日の源泉となって流れきています。

政治の方面では、マキアヴェルリとモアが事実的な関係を追求する近代的無拘束性の創造者であります。彼らの著作は歴史的な衣を着けたままで、今日もなおその当時と同様に明瞭《めいりょう》で興味があります。

パラケルススと**ベーメ**。今日弁神論とか人知学とか宇宙論とか呼ばれるものの世界は、深い意味と迷信を、明確な見解と無批判的な迷妄《めいもう》を、同時にあわせもつものであります が、パラケルススとベーメはこのような世界へ人を導き入れます。彼らは強力な直観力をもって、またきわめて空想的に迷宮へ人を導き入れます。合理的な構造が、あるいは合理主義的な不可思議さにおいて、あるいは特にベーメにおいては、弁証法的な深い意味において、強調されます。

モンテーニュはまったく孤高の人であって、この世において何かを実現しようという意志をもたない人であります。態度と観察、誠実さと賢明さ、懐疑的な無拘束性と実生活上の規則正しい行動が、近代的態度をもって言表されています。作品は直接に魅力があり、哲学的にいえば、このような形態の生活にとって一つの完全な表現であると同時に、それは一種の不具のようなものでもあります。飛躍がなければ、このような自己満足は一種の邪道であります。

ブルーノはそれと反対に、無限に闘う哲学者、不満のうちに自己を消耗させる哲学者であります。彼は限界を知り、最高の者を信じます。彼の対話編『英雄的激情《エロイチ・フローリ》』は恍惚《こうこつ》の哲学の基礎的な書物の一つです。

ベイコンは近代経験論と科学の創始者と見なされています。しかし彼はそのいずれでもありません。と申しますのは、彼は本当の意味でいわれる近代科学——数学的自然科学——を彼の時代の初期において理解しなかったからであります。そしてそれは彼のどの道においてもけっして現われなかったでしょう。しかしベイコンはルネサンス固有の新しいものに対する感激をもって、力としての知や、驚くべき技術的な可能性や、たえず事実を把握することによって迷妄を除去することなどに関する思想に傾倒したのであります。

十七世紀は合理的構成の哲学を生みました。純粋に論理的に発展せしめられる大きな体系が生れました。それはあたかも澄みきった空気の中にはいったようなものです。

そのかわりに直観的な充実や、生きた象徴的世界は沈黙のうちに消えていきました。

近代科学が現われ、それがあらゆるものの模範となりました。

デカルトはホッブスとともに、この新しい哲学の創始者であります。デカルトは科学と哲学の解釈を誤ることによって非運に陥りました。それから生じる諸々《もろもろ》の帰結のために、また事柄のうちに存する明らかな根本的誤謬《ごびゅう》のために、彼は今日でもなお、避けなければならない道について知るための、学ばれねばならない存在です。**ホッブス**は存在の体系を企図しましたが、しかし彼の偉大さは政治的な構成に存しているのです。この政治的な構成の大規模な帰結が現存在のいろいろな路線を示し、そしてこの現存在の路線がここにおいてはじめて、しかも永久に、このように明白に意識されたのであります。

スピノザは歴史的な概念とデカルト的概念をもって、一つの哲学的な信仰態度を表現した形而上学者《けいじじょうがくしゃ》であります。しかし彼は形而上学的感情という点において独創的であります。彼の形而上学的感情というのは、当時彼にとって独特のものであって、今日まで——十七世紀における唯一《ゆいいつ》のものとして——一群の哲学者を彼に傾倒させているものです。

パスカルは科学と体系を絶対視することに対する反動であります。彼の思惟は両者を克服しました。等しく純粋さをもっていますが、いっそう誠実さと深さをもっています。

ライプニツはアリストテレースのように普遍的であって、その内容と創意においてこの世紀のどの哲学者よりも富んでいます。常に独創的であり、常に賢明であります。しかし彼の形而上学は、人間性によって貫かれた根本態度というあの大きな特質を欠いています。

十八世紀にははじめて哲学的文献が比較的広く世間に行き渡るようになりました。この世紀は啓蒙《けいもう》の世紀であります。

イギリス啓蒙主義は**ロック**においてその最初の代表的人物を見いだします。彼は一六八八年の革命から生れたイギリス的世界に――政治的思惟に関してではあるが――精神的地盤を供給しました。**ヒューム**は優れた分析家であります。彼の解釈は非常に退屈であるにもかかわらず、今日なお私たちにとって平板ではないのです。彼の懐疑は、限界において不可解なものについて語ることなく、あえてそれを凝視するような勇気がもつところの厳格さと誠実さをもつものであります。

フランスにおいてもイギリスにおいても、《道徳哲学者》と呼ばれ、世間と人間に精通した人びとの箴言《しんげん》や随筆が生れました。彼らの知識は心理学的なものにおいて、同時に哲学的な態度を教育しようとするものであります。十七世紀に、宮廷界から出た人に**ラ・ロシュフーコー**や**ラ・ブリュイエール**があり、十八世紀には**ヴォーヴナルグ**や**シャンフォール**があります。シャフツベリは美的な生活訓練を積んだ哲学者であります。

偉大なドイツ哲学は体系的なエネルギーと、もっとも深遠なものに対する開放性とともに、完全な思想的教養と内容の充実をあわせもっています。したがってそれは、今日まであらゆる真剣な哲学的思惟のために欠くべからざる基礎ならびに手引きとなっているのです。カント、フィヒテ、ヘーゲル、シェリングがそれであります。

カント――私たちにとって、存在意識の決定的な歩み、思惟による超越実現の方法的厳密さ、基礎的次元における存在の証明、私たちの本質の不満からくるものであるが、道徳的性格、広い空間と人道主義への性向、レッシングと共通して理性そのものの明白さ。一個の高貴な人間。

フィヒテ――狂信にまで昇りつめた思弁、不可能なことを無理に試みること、天才的な構成家、道徳的情熱家。極端なものと偏狭の宿命的な結果は、彼から生れているのであります。

ヘーゲル――弁証法的思惟の支配と、そのあらゆる面における完成、思惟においてあらゆる内容を覚知すること、もっとも広範な西洋史的回想の完成。

シェリング——究極的なものの倦《う》まざる掘下げ。無気味な秘密の開明、体系における挫折《ざせつ》、新しい道の開拓。

十九世紀は過渡期、解体および解体の意識、素材的な広さ、科学的領域の広範さであります。哲学の力は博学な哲学者においてますます弱くなり、何ら効力のない色あせた恣意《しい》的な体系へ変化し、厖大《ぼうだい》な全歴史的材料をはじめて提供してくれる哲学史へと変化します。哲学そのものの力は、ほとんど同時代人に認められない例外者と、それに、科学のうちに、生きているのです。

ドイツの**教壇哲学**は博学で、勤勉で、熱心で、広範であります。しかしそれは実際にはもはや人間存在のエネルギーから生れているのではなくして、教養的価値や善意な真面目《まじめ》さや自己の限界をもつブルジョア文化の大学の世界から生れているのであります。小フィヒテやロッツェのような比較的重要な人物でさえも、人はそれらを単に自分の知識のために研究するのであって、自分の実質のために研究するのではないのです。

現代の**独創的な哲学者**はキルケゴールとニーチェであります。この両者はともに体系をもちません。両者はともに例外者であり、犠牲者であります。彼らは破局を意識し、前代未聞《みもん》の真理を宣言し、しかも何らの道をも示しません。彼らにおいて現代が、かつて人類の歴史において遂行されたことのある自己批判のうちで、もっとも苛烈《かれつ》な自己批判を通じて、表明されます。

キルケゴール――内的行為の諸形態、身をもってする決断のための思想の真剣さ、あらゆるもの、特に固定的なヘーゲル的思惟の解消。

ニーチェ――あらゆるものに関する果てしなき反省・打診・疑問。新しい不合理性以外には、何らの地盤をも見いだすことなくして煽動《せんどう》すること。強引な反キリスト教的態度。

近代科学はその活動の広さにおいてではなく、個々の、しかし無数の個人性において、ある一つの哲学的態度の支持者となります。つぎにただその例として二、三の名を挙げるにとどめます。

国家哲学と社会哲学――**トックヴィル**はアンシャン・レジームやフランス革命やアメリカ合衆国などについての社会学的認識を通じて、近代的世界のデモクラシーへの過程を理解します。自由に関する配慮、人間的尊厳と権威に対する感受性によって、彼は不可避的なことと、可能的なことに関して、現実主義の立場から問題とするのです。彼は第一流の人物であり、学者であります。**ロレンツ・フォン・シュタイン**は一七八九年以後のフランス人の政治的な行動と思想を根拠として、四十年代に至るまでの事件の帰結を、国家と社会の両極性として解明しました。彼の目はヨーロッパの運命に関する問題へ向けられたのです。**マルクス**はこれらの認識を利用し、そしてそれを経済的な構造において展開し、それをあらゆる既存のものに対する憎悪《ぞうお》に置きかえ、それに千年期説的な未来の目標をもって内容を与えたのです。希望の光明が、あらゆる国々の被《ひ》搾取《さくしゅ》的な希望を失ったプロレタリアートの前途を照らさねばならないのです。すなわちこの希望の光明こそは、プロレタリアートを一つの力に結集して、すべての人びとに正義と自由の世界をもたらすために、経済的＝社会的＝政治的状態を崩壊さすことができるものなのであります。

歴史哲学――**ランケ**は世界史的な歴史観のために歴史学的＝批判的方法を展開します。この歴史観はヘーゲルとゲーテの雰囲気《ふんいき》のうちにあって、一見すると哲学を拒否するかのように見えるにもかかわらず、それ自身一個の哲学なのであります。**ヤーコプ・ブルクハルト**は自分をいわば歴史的教養のある僧侶《そうりょ》のように感じていました。彼は歴史的回想の偉大さと幸福さ、世界の果てに立っているという厭世《えんせい》主義的な根本的態度の幸福と不幸――しかしこのような根本的態度に対してだけ、なおこのような回想によってすばらしいものが贈られているのですが――を示しました。**マックス・ヴ**

エーバーはあらゆる拘束されたものを解除し、あらゆる手段をつくして歴史の事実を研究し、たいがいの過去の歴史の記述が、歴史的解釈の範疇《はんちゅう》がはっきりしていないために、曖昧模糊《あいまいもこ》として不満足に見えるのですが、彼はこのような関係を明瞭《めいりょう》にしました。彼は価値と認識との対立的緊張を理論的・実際的に展開し、現実的な認識の慎重な吟味によって、蓋然《がいぜん》的なものや全体的なものを断念して、あらゆる可能性に対して空間を開いたのです。

自然哲学――**K・E・フォン・ベール**は発見的研究の方法によって、生物のいろいろな根本的特性のうちに生命の表象を認めました。彼の反対極たる**ダーウィン**は、この表象のうちに一定の因果関係を探求し、その結果として本来の生命の表象を否定しました。

心理学的哲学――**フェヒナー**は感性的知覚における精神的なものと物理的なものとの関係に関する方法的・実験的研究（精神物理学）を創始しました。しかしそれはあらゆる生命とあらゆる事物の有情化の構成――ただしそれはどこまでも概念的になされたものであって、実際には夢のようなものでありますが――の一要素としてでありきます。**フロイト**は、キルケゴールとニーチェにおいて高貴な形態をもって存在している、洞察《どうさつ》の通俗的な自然と平俗化としての暴露心理学を駆使しました。人間愛の形態をとるが、実際には憎悪的・頽廃《たいはい》的であるような世界観がある時代に適合したのであるが、この時代の欺瞞《ぎまん》的なことがここでは仮借なく打破されたのです。しかしそれによって、この世界が世界一般であるかのようになりました。

人名表 二

中国とインド

中国哲学

老子（前六世紀）――**孔子**（前六世紀）――**墨子**（前五世紀後半）――**列子**（前一世紀）。

インド哲学

ウパニシャッド（およそ前一〇〇〇―四〇〇年）――**仏教**のパリー語経典――マハーバーラタ（前一世紀）からの書物。

バガヴァド・ギーターおよびその他――**カウティリア**の「実利論《アルタシャストラ》」――**シャン

カラ（九世紀）。

翻訳書や解説書などによるこれまでの材料によってもわかるように、中国哲学とインド哲学の全部をあわせても、その量は西洋哲学に比べると比較にならないほど僅少《きんしょう》であり、重要な哲学者から分れて発展したものも僅少であります。西洋哲学は私たちにとって依然として主要な対象であります。私たちが東洋の哲学について理解している事柄は、それがなくても私たち自身の哲学からして知っていると思われるようなものであるにすぎないというのは、言い過ぎでありますが、しかしたいがいの解説は非常に西洋的範疇を使用しているので、東洋語を知らない者にとっても、誤謬《ごびゅう》が感知できるということはもっともであります。

中国・インド・西洋の三つの発展経路が併行しているということは、したがって歴史学的には正しいのでありますが、しかしそれは私たちにとっては、その限りにおいてゆがんだ観念を与えます。と申しますのは、併行しているということによって、これら三者がすべて、同じ重要性をもっているかのように思われるからです。しかしそれは私たちにとって事実ではありません。東洋的思惟《しい》が私たちに与える独特の光景は、全部のものが、すなわち私たちを本当に感動さすすべての内容が、なお西洋的思惟から出てくるものであるという事実を欺瞞することはできません。ここにだけ相異の明瞭さが存します。すなわち、問うことの決定性、科学との関係、個々のものにわたって行われる討論の闘争、私たちに不可避的であるような思想的運動の長い呼吸がそれであります。

人名表　三

宗教・文学・芸術のうちに隠れている哲学

宗教　聖書——宗教史読本として集められた書物。

文学　ホメーロス——アイスキュロス、ソポクレース、エウリーピデース——ダンテ——シェイクスピア——ゲーテ——ドストエフスキー。

美術　レオナルド——ミケランジェロ——レンブラント。

哲学の内容を歴史的に自分のものにすることは、狭義《きょうぎ》における哲学者の書物を読むことよりもいっそう大切であります。科学の発展について明瞭に知ること以外に、宗教や文学や美術上の価値のある作品から魅惑されることは、ぜひ必要なことです。いつも目先の異なったものや、数多くのものを読もうとしてはなりません。偉大な作品に執拗《しつよう》に食いついて、繰返し繰返しその中へ沈潜しなければならないのであります。

五　偉大な著作

　哲学に関する著作のうちで若干の少数のものは、その思想的意義において、偉大な芸術作品と同様に無限であります。これらの著作においては、著者自身が知っていたことよりもより以上のことが思惟されています。一般にあらゆる深い思想のうちには、それを思惟《しい》した者が、帰結に関してその当座観取できなかったことが宿っています。しかし偉大な哲学のうちには、無限的なものを自己のうちに隠している全体性そのものが存しています。矛盾それ自身が真理の表現となるといわれるように、あらゆる矛盾的なものにおいて不思議に一致するものが存在します。測り知れないものを表面的な明瞭さで明白ならしめているような思想の複雑さが存在します。根気よく解釈すればするほど、わかってくるところの不思議な書物があります。たとえば、プラトーンの著書や、カントの著書や、ヘーゲルの精神現象学などはそれであります。――ただしそれらはそれぞれ異なったものでありますが、すなわち**プラトーン**にあってはきわめて明確な意識をもって慎重に考慮された形式、完全性、方法に関するきわめて明確な知、芸術を哲学的真理の伝達に関係させて、思想の厳密性と印象をそこなわないこと。**カント**にあっては、最高の誠実さ、あらゆる命題のうちに存する信頼できるもの、もっとも美しい明晰性《めいせき》。**ヘーゲル**にあっては、表面をなでるように思惟していくことを自分に許すという信頼できぬもの、そのかわりに内容の豊富さ、創造性。しかしこの独創性は内容に関して深さを示すが、自分自身の「哲学すること」においては実現していない。この「哲学すること」はむしろ強制と欺瞞《ぎまん》をもっておきかえられ、独断的な図式のスコラ哲学への傾向と、美的観賞への傾向をもっています。

これらの哲学者は極端に異なった位階をもち、異なった性質をもっています。私が青年時代に、これら偉大な哲学者のうちのある一人の研究に自分を打ちこむかどうかということ、またどの人に自分を打ちこむかということは、哲学的な生活の運命であります。

偉大な作品のうちの一つのもののうちに、あらゆるものが含まれているということができます。偉大なもののうちのある一つを研究することによって、哲学の全国土に通じることができます。ある一つの優れた畢生《ひっせい》の作品を徹底的にきわめることによって、一つの中心点が得られます。そしていっさいの他のものはこの中心点から、またこの中心点へ向って、照らし出されるのです。このような作品を研究することによって、他のいっさいのものがそれへ関係させられるのです。それと関連して哲学史全体についての定位が得られ、少なくともそれに精通する術《すべ》が学ばれ、原典からの抽出吟味によっていろいろな感銘が生れ、それ以外になお存在しているものが予感されるのであります。ある一つの個所に徹底的に精通することによって、私たちが他の哲学的な根本的形成物について、単にそれと段階的な相異においてもっている知の規準についての自己批判をもつことができるのです。

若い人たちには、どんな哲学者を選んだらよいかということについて、助言が与えられることは望ましいのですが、この選択は本来各人自らの問題であります。そこで人は彼らに示したり、彼らの注意を喚起することができるだけであります。選択は一つの本質決定であります。選択はおそらく実際に実験してみたあとで起ることでしょう。選択の範囲は年月を経たあとで広くなることがあります。それにもかかわらず助言は必要なのです。古くからの助言は、プラトーンとカントを学ばねばならない、それによってあらゆる本質的なことが獲得されるだろう、というのであります。私もこの助言に賛成であります。

たとえば、ショーペンハウアーだとかニーチェなどの場合におけるように、彼らの書物に魅惑されて引きずりこまれることは選択ではありません。選択は自由に駆使することのできる手段を尽して研究することを意味します。それとともに選択は、全哲学史の厖大《ぼうだい》な現象の中の一つの立場からして、この哲学史全体へ根をおろすことを意味します。それに反するような作品を選ぶとするならば、たとえどんな哲学的作品であっても、またそれを本当に学ぶことによって、何らかの効果が生れるに相違ないとしても、結局においてそれは不利な選択であることを免れないのです。したがってある偉大な哲学者を選んで彼の作品を研究することは、この哲学者に研究を制限することを意味するものではありません。反対に一人の偉大な哲学者を研究すると同時に、できるだけ早くそれとははなはだしく異なった他のものに着眼することが必要です。とらわれるということは、ある一人の哲学者へ——たとえそれがもっともとらわれない哲学であるとしても——制限する結果生じることです。「哲学することと」においては、人間の神化、ある一人を唯一《ゆいいつ》な者へ高めること、絶対的な権威者、などというものはけっして認められないばかりでなく、むしろ「哲学すること」の意味は、水平化された抽象的真理一般としてではなく、無限に実現される真理の多様性としての真理性全体に対して心を開くことであります。

訳　注

〔第一講〕

一　包括者　本書第三講『包括者』において詳論されている。なお本講の他に包括者に関しては、拙著『実存哲学の根本問題』（創文社）、拙訳ヤスパース『理性と実存』（河出書房新社）第二講およびヤスパース『真理について』（Von der Wahrheit）を参照。

二　交わり（Kommunikation）は、ヤスパースの実存哲学におけるきわめて重要な概念である。ヤスパースにおいては、実存の自己存在はけっして孤立的な存在ではなくして、むしろそれは交わりにおいてはじめて可能となるのである。一般的にいえば他者とともに存在する生が交わりであるが、交わりは現存在的交わり（Daseins Kommunikation）と実存的交わり（existentielle Kommunikation）とに区別せられる。前者は現存在としての私が他者と共同社会の関係において交わるものである。したがってそれは社会学的あるいは心理学的研究の対象となるものである。この現存在的交わりにはさらに三つの発展段階が区別せられる。第一は、素朴な人間の現存在が何らの自己意識もなく、共同体の中へ融《と》けこんでいる原始的習俗社会である。第二は、自我が自己自身を意識して、他者と彼の世界に対する人間の悟性的な意識の発展段階において成立する社会である。この段階においては自我は意識一般であり、各人は、意識一般による対象的認識の一致を理解することによって、結合せられる。この段階においては、おのおのの自我は個々に対立しているが、しかし独自の内容をもった個性的関係は成立していない。そこで全体的理念によって結合せられた第三の段階の交わりへの発展が行われる。特定の国家とか社会などのある一つの全体者の理念における共同体がそれであり、このような共同体において、はじめて自我は内容をもった交わりの中へはいるのである。しかしこの交わりにおいてもなお私は完全に本来の私自身とはならない。私の存在は理念への参加によって客観的内容を獲得するが、個人の独自性は否定せられている。そこでさらに自己の内面から、自由な決断による独自の自我と自我との交わりが求められる。これが実存的交わりの段階である。実存は最初の三段階のいずれにおいてもそれらと結合して現われているが、そのいずれのうちにも閉ざされることなく、実存的交わりの段階においてはじめて自己固有の交わりが成立するのである。

このようにして実存は交わりにおいてはじめて可能となり、逆に交わりは実存的交わりとして、はじめて真の意味における交わりとなるのである。そしてあの「愛の闘争」も、この実存的交わりにおいてはじめて可能となるものなのである。またヤスパースにおいてはこのような実存的交わりへの意志が「哲学すること」への意志にほかならないという点に、現代哲学に対する彼独特の見解が成立するのである。この点に関しては本書第二講『哲学の根源』において詳論されているところであるが、すでにそれは彼の主著『哲学』の第二巻においてつぎのように述べられているのである――『すべて「哲学すること」が驚きをもって始まり、世界知が疑いをもって始まるごとく、実存開明は交わりの不満の経験をもって始まる』(Philosophie II, S. 55)。交わりの概念がヤスパースの哲学においていかに重要な意義を有するかが理解されるであろう。なお「交わり」に関しては、右の『哲学』第二巻、第三章「交わり」における詳論。――前掲拙著『実存哲学の根本問題』を参照。

〔第四講〕

一　イシス (Isis) エジプトの最高の女神《めがみ》。

二　旧約『エレミヤ記』四十五章　一―五節『一……予言者エレミヤこれに語りていいけるは　二バルク
よイスラエルの神エホヴァ汝《なんじ》にかくいいたもう　三汝かつていえりああわれ禍《わざわ》いなるかなエホヴァわ
が憂《うれ》いに悲しみを加えたまえり、我は嘆きて疲れ安きをえずと　四汝かく彼に語れエホヴァかくいい
たもう見よわれ我《わが》建てしところのものを毀《こぼ》ち我《わが》植えしところのものを抜かんこれこの全地《ぜんち》なり　五汝

おのれのために大いなることを求むるかこれを求むるなかれ……』

三 旧約『出エジプト記』二十章 二―五節『二我は汝の神エホヴァ汝をエジプトの地その奴隷《どれい》たる家より導き出《いだ》せし者なり 三汝わが面《かお》の前に我のほか何物をも神とすべからず 四汝自己《おのれ》のために何の偶像をも彫《きざ》むべからずまた上《かみ》は天にある者下《しも》は地にある者ならびに地の下の水の中にある者の何の形状《かたち》をも作るべからず 五これを拝むべからず……』

四 アートマン＝ブラフマン アートマン（Atman）は梵語《ぼんご》、我の義。我の問題はインド哲学において中核をなすものである。ブラフマン（Brahman）はインドにおける最高原理あるいは神である。

五 前々項を見よ。

六 旧約『サムエル前書』十四章 七節『七武器をとるものこれにいいけるはすべて汝の心にあるところをなせ進めよ我汝の心にしたがいて汝とともにあり』

七 旧約『イザヤ書』五十五章 八―九節『八エホヴァ宣《のたま》わくわが思いはなんじらの思いとことなり、わが道はなんじらのみちと異なれり 九天の地よりたかきがごとく、わが道はなんじらの道よりも高く、わが思いはなんじらの思いよりも高し』

〔第五講〕

一 トマス・モア（Thomas More）一四七八―一五三五。イギリスの思想家、小説家。近世社会思想の先駆をなすところの空想的社会小説「ユートピア」の作者として有名である。宗教上の問題に関して国王ヘンリー八世と合わず、投獄されて絞刑《こうけい》に処せられた。

二 セネカ（Seneca, Lucius Annaeus）前四ごろ―後六五ごろ。ローマのストア学派の哲学者。ドミティウス（のちのネロ帝）の師となったが後このローマ皇帝に疑われ、その命に従い自殺した。

三 ボエーティウス（Boethius, Anicius Manlius Severinus）四八〇ごろ―五二五。ローマ末期の政治家、哲学者。東ゴート王テオドリヒの信任を受けて国政に参与した。しかし叛逆《はんぎゃく》の嫌疑《けんぎ》を受けて多年パイアに禁獄されたのち処刑された。

四 ブルーノ（Bruno, Giordano）一五四八―一六〇〇。文芸復興期イタリアの哲学者。異端者のゆえをもって宗教裁判に問われローマで火刑に処せられた。

〔第六講〕

一 エッダー 古代アイスランドの神話、英雄伝説、詩に関する書物。

〔第八講〕

一 カントの『啓蒙《けいもう》とは何ぞや』（Beantwortung der Frage : Was ist Aufklärung 1784）という論文の冒頭に出ている言葉。カントはこの言葉について、『未成年の状態とは、他人の指導を受けずに自己の悟性を使用する能力のないことである。自己に責任があるとは、未成年状態の原因が悟性の欠乏にあるのではなく、他人の指導を受けずに悟性を使用する決断と勇気との欠乏にある場合のことである』と説明している。

〔第十講〕

一 アルキメーデースは、もし地球の外で梃子《てこ》の支点が与えられたら、地球を動かしてみせると言ったと伝えられている。

二 プロテウス 自在に姿を変える海神の名、心の変りやすい軽佻《けいちょう》な人の代名詞に用いられる。

三 バガヴァド・ギーター バガヴァド（神）の歌、「マハーバーラタ詩篇《しへん》」第六巻第二十五章至第四十二章に出ている。哲学、宗教に関するインド思想の最高潮を示すものであり、ことに哲学と韻文《いんぶん》とを合一せるものとして他に類例を見ない雄編である。

年譜

一八八三年　二月二十三日、西独オルデンブルクに生る。父カール・ヤスパースは同地の銀行頭取。
一九〇一年　高等学校を卒業。
一九〇一―一九〇二年　ハイデルベルク大学およびミュンヘン大学に法律学を学ぶ。
一九〇二年　ベルリン、ゲッチンゲン、ハイデルベルクの各大学で医学を学ぶ。
一九〇五年　ゲッチンゲンで「開業医予備試験」に合格。
一九〇七年　ハイデルベルクで「開業医国家試験」に合格。
一九〇九年　ハイデルベルク大学ニッスル教授のもとで学位をとる。学位論文「郷愁病と犯罪」(“Heimweh und Verbrechen”)
一九一〇年　ハイデルベルク大学精神病科臨床研究助手となる。
一九一〇年　ゲルトルート・マイヤーと結婚。
一九一六年　ハイデルベルク大学医学部員外教授。
一九二一年　オランダ精神病学および神経病学会名誉会員に推薦せられる。
　　　　　　ハイデルベルク大学哲学教授に就任。
一九三七年　政治上の理由によりハイデルベルク大学教授の職を退く。
一九四六年　ハイデルベルク大学名誉評議員に推薦せられる。
一九四七年　ゲーテ賞を授与せられる。
一九四八年　バーゼル大学教授。
一九五八年　フランクフルト市で、ドイツ出版平和賞を受ける。

一九六一年　夏学期の講義「超越者の暗号」を最後にバーゼル大学を退職。
一九六三年　バーゼルにおいて生誕八〇年祝賀式典が催される。
一九六九年　二月二十六日死去。

解説

草《くさ》薙《なぎ》正《まさ》夫《お》

本訳書は一九四九年秋、著者ヤスパースがバーゼル放送局の依頼に応じて十二回にわたって試みたラジオ講演『哲学入門』(Einführung in die Philosophie. Artemis Verlag, Zürich) の全訳である。

本書のもっとも注目すべき特色は、現代の世界哲学界の最高峰を占めた大家の手になる優《すぐ》れた哲学への入門書であるということのほかに、本来の哲学は単なる教壇哲学ではなくて、哲学が人間としての人間にかかわるものであるかぎり、大衆の人間存在の中に深く根をおろすものでなければならないという著者の哲学に対する根本的な見解が、本書において具体的な表現をかちえたということであろう。

本書は、このように著者が教壇から降りて哲学を万人に理解させようという意図のもとに書かれたものであるからして、彼の著書の中でもっとも理解されやすいものであることはいうまでもないのである。したがって本書によっておそらく難解なヤスパースの哲学が一般に理解されるに至るものと思われる。かつ本書は数多くの哲学書の中でわれわれがまれに出会うところの魅力と美しさに充《み》ち溢《あふ》れた書であるといってさしつかえない。これ本書が同じ年に出版された彼の『歴史の根源と目標について』(Von Ursprung und Ziel der Geschichte. 1946. 2. Auflage 1950. R. Piper Verlag, München) とともに好評を博した所以《ゆえん》であろう。

これまで著者自身によって書かれた彼の実存哲学への入門書としては拙訳『理性と実存』(Vernunft und Existenz. 1935) と鈴木三郎訳『実存哲学』(Existenzphilosophie. 1938) の二著があるが、この両書はそれぞれの特色と意義を有しながらも、ともに彼の哲学の根本思想をもっぱら理論的に展開したものであるが、本書においては根本理論の叙述は最初の三講にとどめられ、他の諸講は神・人間・道徳・科学・歴史などのわれわれの人間的生活における実践的な現実の問題に関連しつつ彼の哲学を展開して、このような現実の問題から哲学することへ読者を導き入れようとしている点にその特色が存するのである。この特色は、真の哲学は単なる体系的・理論的構成物であるのではなくして、人間が可能的実存として人間の現実的生活(状況)の中から身をもってするところの人間の内面的反省と思索の記録であり、単なる思惟《しい》でなくして、内的行為であらねばならないとする彼の実存哲学の精神と性格を理解するうえに重要な意義をもつのである。さらに本書は前記の両書と異なり、――もとより簡略にではあるが――彼の哲学のほとんど全内容に触れている点もその特色となっている。これらの特色は、特に、さらに進んでヤスパースの哲学の理論的研究にはいろうとする者にとっては、非常に有益になるであろう。

巻末の付録は特に、はじめて哲学を学ぶ人びとのために書かれた懇切な「哲学すること」への案内であって、第十一講「哲学的な生活態度」、第十二講「哲学の歴史」の両章とともに初学者にとっては特に熟読玩味《がんみ》せられるべき文章である。

哲学に関する書物は、いかに平易に書かれたものであっても、それが哲学本来の深い思想を秘めたものであるかぎり、事実に関する平板な悟性的理解を越えるものであることはいうまでもない。ヤスパースの哲学においては特にその感が深いのである。彼の哲学が難解だといわれるのもそのためであろう。本書はたとえ平易に書かれた入門書であるとはいえ、その中に語られた思想は著者の多年にわたる思索の結晶であり、エッセンスである。その意味で本書は特に読者が自己の生活の内的経験を呼びさましつつ、著者とともに考え、ともに哲学することによって、はじめてその価値を生むものであることを忘れてはならない。

もし二十世紀に新しい独自の哲学が期待されるならば、ヤスパースの哲学こそは、どんなに低く評価されたにしても、かかる新しい哲学の礎石としての、あるいは、それへの道を切り拓《ひら》くものとしての意義を荷負《にな》うべきものであるにもかかわらず、わが国においては今日、それが一般にハイデッガーやサルトルの実存哲学とともに、十把《じっぱ》一絡《ひとから》げに実存主義の名のもとに葬《ほうむ》り去られようとしているかに見える。けだし彼の哲学がまったく新しいスタイルをもち、したがってとりつきにくいということが、その原因の一つと考えられるのである。このような事情のもとにおいて本書が公《おおやけ》にせられたことは、われわれの深く喜びとするところである。それだけにもし本訳書が、およそ哲学が人間としての人間にとって一般に理解せられるべきものであるという本書に託された著者の意図を裏切るようなことがあれば、もとよりその責めはすべて訳者の不敏に帰せられるべきものであり、またこの点訳者の深く憂《うれ》うるところである。本訳書はさきに『哲学十二講』なる題名のもとに単行本として刊行されたのであるが、文庫版として上梓《じょうし》せられるにあたり、できうるかぎり訂正の筆を加えたつもりであるが、全部にわたっていちいち原文と対照して再吟味する暇は得られなかった。そういうわけで本訳書がいまなお犯しているかもしれない誤りや不備の点に関して読者のご教示をせつにお願いする次第である。

（一九五四年十二月）

ニーチェ
竹山道雄訳
ツァラトストラかく語りき（上・下）

ついに神は死んだ――ツァラトストラが超人へと高まりゆく内的過程を追いながら、永劫回帰の思想を語った律動感にあふれる名著。

ニーチェ
竹山道雄訳
善悪の彼岸

「世界は不条理であり、生命は自立した倫理をもつべきだ」と説く著者が既成の道徳観念と十九世紀後半の西欧精神を批判した代表作。

ニーチェ
西尾幹二訳
この人を見よ

ニーチェ発狂の前年に著わされた破天荒な自伝で、〝この人〟とは彼自身を示す。迫りくる暗い運命を予感しつつ率直に語ったその生涯。

ショーペンハウアー
橋本文夫訳
幸福について
―人生論―

真の幸福とは何か？　幸福とはいずこにあるのか？　ユーモアと諷刺をまじえながら豊富な引用文でわかりやすく人生の意義を説く。

プラトーン
田中美知太郎
池田美恵訳
ソークラテースの弁明・クリトーン・パイドーン

不敬の罪を負って法廷に立つ師の弁明「ソークラテースの弁明」。脱獄の勧めを退けて国法に従う師を描く「クリトーン」など三名著。

プラトーン
森進一訳
饗宴

酒席の仲間たちが愛の神エロースを讃美する即興演説を行い、肉体的愛から、美のイデアの愛を謳う……。プラトーン対話の最高傑作。

ドストエフスキー
原卓也訳
カラマーゾフの兄弟（上・中・下）

カラマーゾフの三人兄弟を中心に、十九世紀のロシア社会に生きる人間の愛憎うずまく地獄絵を描き、人間と神の問題を追究した大作。

ドストエフスキー
江川卓訳
悪霊（上・下）

無神論的革命思想を悪霊に見立て、それに憑かれた人々の破滅を実在の事件をもとに描く。文豪の、文学的思想的探究の頂点に立つ大作。

ドストエフスキー
木村浩訳
白痴（上・下）

白痴と呼ばれる純真なムイシュキン公爵を襲う悲しい破局……作者の〝無条件に美しい人間〟を創造しようとした意図が結実した傑作。

ドストエフスキー
工藤精一郎訳
罪と罰（上・下）

独自の犯罪哲学によって、高利貸の老婆を殺し財産を奪った貧しい学生ラスコーリニコフ。良心の呵責に苦しむ彼の魂の遍歴を辿る名作。

ドストエフスキー
工藤精一郎訳
死の家の記録

地獄さながらの獄内の生活、凄惨目を覆う笞刑、野獣のような状態に陥った犯罪者の心理――著者のシベリア流刑の体験と見聞の記録。

ドストエフスキー
江川卓訳
地下室の手記

極端な自意識過剰から地下に閉じこもった男の独白を通して、理性による社会改造を否定し、人間の非合理的な本性を主張する異色作。

シェイクスピア
福田恆存訳

ハムレット

シェイクスピア悲劇の最高傑作。父王の亡霊からその死の真相を聞いたハムレットが、深い懐疑に囚われながら遂に復讐をとげる物語。

シェイクスピア
福田恆存訳

オセロー

イアーゴーの奸計によって、嫉妬のあまり妻を殺した武将オセローの残酷な宿命を、鋭い警句に富むせりふで描く四大悲劇中の傑作。

シェイクスピア
福田恆存訳

リア王

純真な末娘より、二人の姉娘の甘言を信じ、すべての権力と財産を引渡したリア王は、やがて裏切られ嵐の荒野へと放逐される……。

シェイクスピア
福田恆存訳

マクベス

三人の魔女の奇妙な予言と妻の教唆によってダンカン王を殺し即位したマクベスの非業の死！　緊迫感にみちたシェイクスピア悲劇。

シェイクスピア
中野好夫訳

ロミオとジュリエット

仇敵同士の家に生れたロミオとジュリエット。その運命的な出会いと、永遠の愛を誓いあったのも束の間に迎えた不幸な結末。恋愛悲劇。

シェイクスピア
福田恆存訳

ヴェニスの商人

胸の肉一ポンドを担保に、高利貸しシャイロックから友人のための借金をしたアントニオ。美しい水の都にくりひろげられる名作喜劇。

リルケ
高安国世訳

若き詩人への手紙・若き女性への手紙

精神的苦悩に直面している青年に、苛酷な生活を強いられている若い女性に、孤独の詩人リルケが深い共感をこめながら送った書簡集。

富士川英郎訳

リルケ詩集

現代抒情詩の金字塔といわれる「オルフォイスへのソネット」をはじめ、二十世紀ドイツ最大の詩人リルケの独自の詩境を示す作品集。

リルケ
大山定一訳

マルテの手記

青年作家マルテをパリの町の厳しい孤独と貧しさのどん底におき、生と死の不安に苦しむその精神体験を綴る詩人リルケの魂の告白。

ワイルド
福田恆存訳

ドリアン・グレイの肖像

快楽主義者ヘンリー卿の感化で背徳の生活にふける美青年ドリアン。彼の重ねる罪悪はすべて肖像に現われ次第に醜く変っていく……。

ワイルド
西村孝次訳

サロメ・ウィンダミア卿夫人の扇

月の妖しく美しい夜、ユダヤ王ヘロデの王宮に死を賭したサロメの乱舞——怪奇と幻想の「サロメ」等、著者の才能が発揮された戯曲集。

ワイルド
西村孝次訳

幸福な王子

死の悲しみにまさる愛の美しさを高らかに謳いあげた名作「幸福な王子」。大きな人間愛にあふれ、著者独特の諷刺をきかせた作品集。

青柳瑞穂訳
モーパッサン短編集（一〜三）
モーパッサンの真価が発揮された傑作短編集。わずか10年の創作活動の間に生み出された多彩な作品群から精選された65編を収録する。

S・モーム
金原瑞人訳
月と六ペンス
ロンドンでの安定した仕事、温かな家庭。すべてを捨て、パリへ旅立った男が挑んだものとは――。歴史的大ベストセラーの新訳！

S・モーム
中野好夫訳
雨・赤毛
―モーム短篇集Ⅰ―
南洋の小島で降り続く長雨に理性をかき乱されてしまう宣教師の悲劇を描く「雨」など、意表をつく結末に著者の本領が発揮された3編。

ヘミングウェイ
高見浩訳
老人と海
老漁師は、一人小舟で海に出た。やがて大物が綱にかかるが。不屈の魂を照射するヘミングウェイの文学的到達点にして永遠の傑作。

ヘミングウェイ
高見浩訳
日はまた昇る
灼熱の祝祭。男たちと女は濃密な情熱と血におい包まれて、新たな享楽を求めつづける。著者が明示した〝自堕落な世代〟の矜持。

ヘミングウェイ
高見浩訳
われらの時代・男だけの世界
―ヘミングウェイ全短編1―
パリ時代に書かれた、ヘミングウェイ文学の核心を成す清新な初期作品31編を収録。全短編を画期的な新訳でおくる、全3巻の第1巻。

フォークナー
加島祥造訳
八月の光
人種偏見に異様な情熱をもやす米国南部社会に対して反逆し、殺人と凌辱の果てに逮捕され、惨殺された黒人混血児クリスマスの悲劇。

フォークナー
加島祥造訳
サンクチュアリ
ミシシッピー州の町に展開する醜悪陰惨な場面——ドライブ中の事故から始まった、女子大生をめぐる異常な性的事件を描く問題作。

龍口直太郎訳
フォークナー短編集
アメリカ南部の退廃した生活や暴力的犯罪の現実を、斬新な独特の手法で捉えたノーベル賞受賞作家フォークナーの代表作を収める。

チェーホフ
神西　清訳
桜の園・三人姉妹
急変していく現実を理解できず、華やかな昔の夢に溺れたまま没落していく貴族の哀愁を描いた「桜の園」。名作「三人姉妹」を併録。

チェーホフ
神西　清訳
かもめ・ワーニャ伯父さん
恋と情事で錯綜した人間関係の織りなす日常のなかに、絶望から人を救うものは忍耐であるというテーマを展開させた「かもめ」等2編。

チェーホフ
小笠原豊樹訳
かわいい女・犬を連れた奥さん
男運に恵まれず何度も夫を変えるが、その度に夫の意見に合わせて生活してゆく女を描いた「かわいい女」など晩年の作品7編を収録。

スタンダール
大岡昇平訳
パルムの僧院（上・下）
〝幸福の追求〟に生命を賭ける情熱的な青年貴族ファブリスが、愛する人の死によって僧院に入るまでの波瀾万丈の半生を描いた傑作。

スタンダール
小林正訳
赤と黒（上・下）
美貌で、強い自尊心と鋭い感受性をもつジュリヤン・ソレルが、長年の夢であった地位をその手で摑もうとした時、無惨な破局が……。

スタンダール
大岡昇平訳
恋愛論
豊富な恋愛体験をもとにすべての恋愛を「情熱恋愛」「趣味恋愛」「肉体的恋愛」「虚栄恋愛」に分類し、各国各時代の恋愛について語る。

ジョイス
柳瀬尚紀訳
ダブリナーズ
20世紀を代表する作家がダブリンに住む人々を描いた15編。『フィネガンズ・ウェイク』の訳者による画期的新訳。『ダブリン市民』改題。

ディケンズ
中野好夫訳
デイヴィッド・コパフィールド（一〜四）
逆境にあっても人間への信頼を失わず、作家として大成したデイヴィッドと彼をめぐる精彩にみちた人間群像！　英文豪の自伝的長編。

上田和夫訳
シェリー詩集
十九世紀イギリスロマン派の精髄、屈指の抒情詩人シェリーは、社会の不正と圧制を敵とし、純潔な魂で愛と自由とを謳いつづけた。

新潮文庫最新刊

矢野隆著
とんちき　蔦重青春譜
写楽、馬琴、北斎――。蔦重の店に集う、未来の天才達。怖いものなしの彼らだが大騒動に巻き込まれる。若き才人たちの奮闘記！

V・ウルフ
鴻巣友季子訳
灯台へ
ある夏の一日と十年後の一日。たった二日のできごとを描き、文学史を永遠に塗り替え、女性作家の地歩をも確立した英文学の傑作。

隆慶一郎著
捨て童子・松平忠輝（上・中・下）
〈鬼子〉でありながら、人の世に生まれてしまった松平忠輝。時代の転換点に己を貫いて生きた疾風怒濤の生涯を描く傑作時代長編！

芥川龍之介・泉鏡花
江戸川乱歩・小栗虫太郎
折口信夫・坂口安吾 著
ほか
タナトスの蒐集匣
―耽美幻想作品集―
おぞましい遊戯に耽る男と女を描いた坂口安吾「桜の森の満開の下」ほか、名だたる文豪達による良識や想像力を越えた十の怪作品集。

午鳥志季・朝比奈秋
春日武彦・中山祐次郎
佐竹アキノリ・久坂部羊著
遠野九重・南杏子
藤ノ木優
夜明けのカルテ
―医師作家アンソロジー―
その眼で患者と病を見てきた者にしか描けないことがある。9名の医師作家が臨場感あふれる筆致で描く医学エンターテインメント集。

安部公房著
死に急ぐ鯨たち・もぐら日記
果たして安部公房は何を考えていたのか。エッセイ、インタビュー、日記などを通して明らかとなる世界的作家、思想の根幹。

Title : EINFÜHRUNG IN DIE PHILOSOPHIE
Author : Karl Jaspers

哲《てつ》学《がく》入《にゅう》門《もん》

新潮文庫　ヤ－1－1

昭和二十九年十二月二十五日 発行
平成十七年四月二十日 六十三刷改版
令和六年九月三十日 七十刷

訳者 草《くさ》薙《なぎ》正《まさ》夫《お》

発行者 佐藤隆信

発行所 株式会社 新潮社

郵便番号 一六二―八七一一
東京都新宿区矢来町七一
電話 編集部(〇三)三二六六―五四四〇
読者係(〇三)三二六六―五一一一
https://www.shinchosha.co.jp

印刷・株式会社三秀舎　製本・加藤製本株式会社

ISBN978-4-10-203601-3 C0110